파크골프

누구나 즐길 수 있다

우리나라 최초로 여의도 한강파크골프장을 조성, 기증하여
대한민국 파크골프의 초석을 다져주신
아버님(전우석 요한세례자)께 이 책을 바칩니다.

파크골프 누구나 즐길 수 있다

초판 1쇄 인쇄 2025년 10월 20일
초판 1쇄 발행 2025년 10월 27일

지은이 전영창
펴낸이 정태욱
펴낸곳 여백출판사

총괄대표 김태윤
주간 신흥래
편집 김미선
디자인 신유민, 안승철
마케팅 PAGE ONE 강용구

등록 2019년 11월 25일(제2019-000265)
주소 경기도 고양시 덕양구 삼원로 73, 1213호
전화 031-966-5116
팩스 02-6442-2296
이메일 ybook1812@naver.com

ISBN 979-11-90946-41-4 (13690)

ⓒ 전영창, 2025

- 책값은 뒤표지에 있습니다.
- 잘못 만들어진 책은 구입처나 본사에서 교환해드립니다.
- 저작권자의 허락 없는 무단전재와 복제를 금합니다.

파크골프
누구나 즐길 수 있다

전영창 지음

파크골프 대한민국 최초 보급자

● 추천의 글
인생의 여유, 따뜻한 마음이 담긴 스포츠

파크골프를 처음 접한 사람이라면 누구나 금세 느낍니다. 이 운동은 실력보다 마음이 먼저 닿는 운동이라는 것을요.

누구와 함께하든 웃음이 있고, 연령과 실력의 차이를 넘어 서로를 격려하게 만드는 힘이 파크골프에는 있습니다.

《파크골프, 누구나 즐길 수 있다》는 그 따뜻한 마음의 운동을 가장 잘 담아낸 책입니다.

저자는 오랜 세월 현장에서 파크골프의 발전을 위해 걸어온 분으로, 이 책을 통해 우리 모두가 왜 파크골프를 사랑하게 되는지를 이야기합니다.

　이 책을 읽다 보면, 파크골프가 단지 클럽 하나로 공을 치는 단순한 운동이 아니라 사람을 만나고 관계를 쌓고, 인생의 여유를 배우는 과정임을 느끼게 됩니다.

　누구나 즐길 수 있고, 누구와도 어울릴 수 있는 파크골프. 이 책이 그 소중한 여정을 함께할 좋은 동반자이자 가이드가 되어주리라 믿습니다.

　파크골프를 사랑하는 모든 분께 진심으로 이 책을 추천드립니다.

2025년 10월

이정길 | 사단법인 한국프로파크골프협회 회장

● 추천의 글
한국 파크골프의 가능성과 미래

　한국과 일본의 파크골프 현장을 함께 둘러보며 나누었던 순간들이 지금도 선명합니다.

　잔디 위를 천천히 굴러가는 공을 바라보며, 누구나 즐기는 포용성, 자연과 더불어 함께 즐기는 매력, 규칙의 간단성, 경쟁보다 힐링에 집중할 수 있는 것 등 파크골프가 한국 스포츠의 미래를 열어갈 힘을 지니고 있음을 깨달았습니다.

　《파크골프, 누구나 즐길 수 있다》는 골프 역사의 기록이자 파크골프를 통해 스포츠 세상을 더 멋지게 만들고자 하는 한 사람의 진심이 담긴 책입니다.

저자는 오랜 세월 현장에서 파크골프의 발전을 위해 헌신해온 선구자로, 개발자로, 창업자로, 이 책을 통해 파크골프가 단순한 운동을 넘어 사람과 사람을 잇는 문화가 될 수 있음을 보여줍니다.

파크골프는 이제 세대를 잇고, 지역과 사회를 연결하는 대한민국의 생활스포츠로 굳게 자리매김해 가고 있습니다. 이 책은 그 변화의 중심에서 파크골프가 가진 가능성과 미래를 진정성 있게 풀어냅니다.

스포츠를 연구해온 한 사람으로서, 이 책이 한국 골프 문화의 새로운 장을 여는 출발점이 될 것이라 확신합니다.

2025년 10월

김도균 | 경희대학교 교수

최초의 스포츠마케터, 27대 한국체육학회 회장, 전 스포츠산업협회장

● 프롤로그

파크골프, 나의 인생을 바꾼 스포츠

필자는 어린 시절서부터 지금까지 '파크(Park)'와 인연을 맺고 살아왔다.

여덟 살 무렵, 아버지는 국립현충원에서 육영수 여사 묘역의 조경 현장소장을 맡고 계셨다. 그곳이 내 인생의 첫 공원이었고, 어린 나에게 '공원'이라는 단어는 단순한 장소가 아니라 사람의 삶과 자연이 함께 숨쉬는 특별한 공간으로 각인되었다. 어쩌면 그때부터 이미 내 인생의 방향이 정해져 있었는지도 모른다.

이후 아버지는 경주 보문단지를 비롯해 전국 곳곳의 공원과 골프장 조성 현장에서 일하며 한평생을 국토녹화와 조경인의 외길을 걸으셨다. 나는 그 곁에서 나무 냄새와 흙내음을 맡으며 자랐고, '공원'이라는 단어는 자연스럽게 내 인생의 언어가 되었다.

1999년, 일본 후쿠오카에서 처음 파크골프를 만났다. 그 작은 공 하나가 내 인생을 완전히 바꾸어놓았다. 사람과 사람을 잇고, 마음을 회복시키며, 실버세대와 장애인, 청년과 아이까지도 함께 웃게 만드는 운동. 나는 그 안에서 단순한 놀이가 아닌, 사람의 삶을 다시 일으켜 세우는 힘을 보았다. 그 순간부터 파크골프는 내 인생의 사명이 되었다.

2004년, 서울 여의도 한강공원에 대한민국 최초의 파크골프장이 문을 열었다. 당시에는 아무도 박수를 보내지 않았고, '골프 비슷한 걸 왜 공원에서 하느냐', '노인 운동이 무슨 스포츠냐'는 말들이 들려왔다. 그러나 나는 알았다. 이 땅의 수많은 사람들에게 필요한 것은 단순한 운동이 아니라, 자신을 회복시키고 서로를 이어주는 운동이라는 것을. 그때의 첫 티샷은 나에게 있어 단순한 개장이 아니라 인생의 결단이었다.

클럽이 볼을 정통으로 맞히는 그 짧은 순간, 나는 인생의 진실을 배운다. 정직한 임팩트가 공의 궤도를 결정하듯, 진심어린 순간이 인생의 방향을 바꾼다. 수많은 의심과 외면 속에서도 나는 흔들리지 않았다. "파크골프는 된다." 그 믿음 하나로 정직하게 걸어왔고, 그 믿음이 오늘의 나를 만들었다.

파크골프는 함께 걷는 스포츠다. 혼자 달리지 않는다. 경쟁하지 않는다. 빠르다고 앞서는 것도 없고, 느리다고 낙오되는 것도 없다. 그 길 위에서 나는 수많은 사람들을 만났다. 어르신들, 장애인들, 청년들, 학생들, 그리고 평범한 시민들까지. 그들은 내게 말했다.
"선생님, 파크골프는 제 인생을 다시 시작하게 해줬어요."
그 말 한마디가 나를 오늘도 걷게 만든다. 파크골프는 단순히 푸른 잔디가 있는 경기장이 아니라, 함께 걷는 인생의 길이다.

필자의 삶은 수많은 퍼팅의 연속이었다. 대한민국 최초의 협회를 만들고, 수많은 대회를 준비하고, 넘어지고, 다시 일어섰다. 승리도 있었지만 패배도 있었다. 그러나 언제나 마지막 한 걸음, 마지막 1미터의 집중이 내 인생을 바꾸었다. 퍼팅은 작지만, 모든 것을 결정짓는 행위다. 끝까지 목표를 바라보는 집중력, 그것이 인생이 가르쳐준 진짜 실력이었다.

돌이켜보면, 내 인생의 라운드는 결코 순탄하지 않았다. OB도 있었고, 벙커에 빠지기도 했다. 재정의 위기와 오해, 배신과 상처, 그리고 뜻밖의 축복이 모두 이 페어웨이 위에 있었다. 그럼에도 나는 단 한 번도 클럽을 내려놓지 않았다. 왜냐하면 내 인생 자체가 파크골프였고, 이 스포츠가 누군가의 삶을 다시 살게 만드는 기적이라는 걸 알았기 때문이었다.

나는 오늘도 다시 티잉그라운드에 선다. 새로운 시대의 파크골프, 프로 파크골프의 시작이라는 또 하나의 티샷 앞에서, 나는 여전히 두근거리는 마음으로 클럽을 쥔다. 이 길의 끝에서 내가 바라는 것은 단 한 가지다. 파크골프가 더 많은 사람들의 인생을 바꾸는 스포츠가 되기를.

파크골프는 고독한 어르신에게 친구를 만들어주고, 장애인에게는 도전의 용기를 주며, 아이들에게는 자연 속에서 인성을 길러준다. 그 안에는 세대와 세대를 잇는 힘이 있고, 사람과 사람을 연결하는 따뜻한 철학이 있다. 나는 믿는다. 이 길의 끝에는 덕의 향기가 만 리를 넘어 세상에 퍼질 것이다.

그래서 나는 오늘도 클럽을 든다. 이 스포츠가 누군가의 내일을 바꾸고, 또 다른 인생의 문을 여는 힘이 되길 바라며, 다시 티잉그라운드에 선다.

파크골프의 길을 열어주고 한결같은 사랑으로 뒷바라지해주신 부모님, 그리고 용기와 열정을 심어주신 작은아버님(전윤석 님)을 잊을 수 없다. 곁에서 늘 신뢰를 보내주는 사랑하는 아내 소피아, 기도로 힘이 되어주시는 야고보 수녀님과 필립보 수녀님, 따뜻한 마음으로 응원해주는 노엘라 누나, 그리고 파크골프의 길을 평생 함께 걸어온 전영갑 마지아 형님께 감사드린다.

끝으로, 이 책이 파크골프 독자 여러분께 좋은 길잡이가 되어주기를 바란다.

2025년 초가을
저자 전 영 창

전영창

차례

추천의 글: 인생의 여유, 따뜻한 마음이 담긴 스포츠—이정길 | 6
추천의 글: 한국 파크골프의 가능성과 미래—김도균 | 8

프롤로그: 파크골프, 나의 인생을 바꾼 스포츠 | 11

1부 시대를 만난 스포츠, 파크골프

01. 시니어가 움직이는 세상 | 23
02. 파크골프란 무엇인가 | 27
03. 골프를 넘어선다 | 33

2부 파크골프가 바꾸는 것들

04. 파크골프가 만드는 새로운 직업들 | 43
05. 지방이 살아난다 | 50
06. 교육과 미래세대 | 55
07. 건강·복지·의료와 연계되는 스포츠 | 60
08. ESG 시대, 파크골프의 경쟁력 | 64

3부 파크골프 산업의 생태계

09. 비즈니스로서의 파크골프 | 77
10. 스크린 파크골프와 융합 콘텐츠 | 81
11. 브랜드, 용품, 커머스 | 86
12. 미래를 만드는 플랫폼 | 93
13. 파크골프 관광산업 | 100

4부 프로 파크골프와 글로벌 도전

14. 프로 파크골프는 왜 필요한가 | 129
15. 프로 파크골프장 표준 모델과 파일럿 운영 | 136
16. 미국과 글로벌 진출 전략 | 151

5부 사람, 이야기, 그리고 나

17. 사람을 바꾸는 파크골프—감동의 현장 | 159
　　권민중, 파크골프에서 찾은 새로운 무대 | 173
　　강월석, 파크골프와 함께한 인생 2막 | 177
　　배동성, 파크골프 전도사로 서다 | 181
18. 전영창, 파크골프와 함께 25년 | 185
19. 누구의 것도 아닌, 나의 비전으로 | 196

6부 실전 파크골프 가이드

01. 파크골프, 첫 만남 | 203
02. 두려움 내려놓기 | 205
03. 장비와 복장의 첫걸음 | 208
04. 파크골프장에 가기 전에 | 211
05. 기본 규칙 익히기 | 213
06. 함께 즐기는 예절 | 216
07. 첫 티샷의 순간 | 219
08. 스윙의 기초 | 222
09. 페어웨이에서 배우는 전략 | 228

10. 러프에서의 탈출 | 230

11. 그린 주변의 감각 | 233

12. 마지막 한 타의 예술 | 236

13. 벙커와 해저드, 드물지만 중요한 경험 | 239

14. 멘탈 관리와 집중력 | 242

15. 동반자와의 에티켓 | 244

16. 초보자가 자주 하는 실수 | 246

17. 연습과 실전 | 248

18. 경기 운영과 점수 관리 | 250

19. 대회 참여와 관전 포인트 | 253

20. 파크골프가 주는 즐거움 | 256

에필로그 | 259

감사의 마음 | 262

부록

파크골프 경기 규칙 | 267

1부
시대를 만난 스포츠, 파크골프

01.
시니어가 움직이는 세상

1998년 IMF, 모든 게 끝난 줄 알았고, 어디로 가야 할지, 무엇을 붙잡아야 할지도 몰랐던 시절이 있었다. 필자는 삶의 의미가 사라진 듯한 공허함 속에서 일본으로 향했다. 아버지께서 평생을 바치셨던 '조경'의 본고장 일본에서 필자는 다시 나를 돌아보게 되었다.

그때 필자는 후쿠오카시 동쪽 지역의 공원을 관리하는 평성녹지건설에서 근무하고 있었다. 도심 속 숲을 가꾸고, 시민들의 쉼터를 유지 관리하는 일이었다. 그중 하나가 후쿠오카공항 인근의 파크골프장이었다. 이 시설은 항공소음 보상과 주민 편의를 위해 조성된 것이었고, 회사에서는 이 파크골프장을 개장 전 1년, 개장 후 1년간 관리했다.

맨처음 "파크골프장에 간다"는 말을 들었을 때 그게 골프장인 줄 알았다. 막상 가보니 골프카도 없고 캐디도 없고, 잔디밭 위에 작은 깃대와 홀컵만 있는 단출한 구조였다. 처음 1년은 이용하는 사람이

파크골프의 발상지 일본에서 열린 홋카이도 도지사배 파크골프대회 전경(2015).

없었기에 그저 '유럽에서 만들어진 미니골프의 확장판' 정도로만 생각했다.

그런데 개장 후, 상황이 달라졌다.

하루가 다르게 사람들이 몰려들었다. 은퇴한 시니어들만 오는 것도 아니었다. 부모와 자녀, 직장인, 연인들, 하루에 많은 사람들이 파크골프를 즐기는 풍경이 펼쳐지는 것이었다. 그때 필자는 문화적 충격을 받았다.

이게 뭐지? 이게 어떻게 가능하지?

더 놀라운 것은 입장료가 단돈 100엔, 지금 환율로 따져도 1천 원이 채 안 되는 가격이었다. 당시 우리나라의 잔디밭에는 "잔디밭에 들어가지 마세요!"라는 팻말이 붙어 있던 시절이었다. 그 팻말을 본 시민들은 잔디는 보는 것이지, 걷는 것이 아니라고 믿었다.

그러나 일본의 공원은 달랐다. 잔디는 걷는 것이고, 뒹굴기 위한 것이며, 그 위에서 웃고 떠드는 것이 공공의 목적이었다.

그날 이후로, 필자는 파크골프(Parkgolf)라는 단어 속에 숨겨진 가치를 보기 시작했다. 이건 운동이 아니라, 삶을 공유하는 플랫폼이구나. 그렇게 필자의 인생이 조경에서 스포츠로, 숲을 가꾸던 손에서 사람을 연결하는 손으로 서서히 바뀌기 시작했다.

한국 사회는 지금, 거대한 인구 지형의 전환점을 지나고 있다. 2025년, 전체 인구의 20%가 65세 이상 고령자가 되었다. 이는 공식적으로 '초고령사회'로의 진입이라 규정한다. 이미 일본, 이탈리아, 독일, 핀란드가 경험하고 있는 이 변화의 물결에 이제 우리도 본격적으로 올라타게 된 것이다.

하지만 이 숫자 너머에는 단지 나이가 든 사람이 늘어난다는 의미만 담겨 있지 않다.

이 변화는 삶의 리듬, 도시의 기능, 경제의 구조, 그리고 스포츠의 정의마저 바꿔놓고 있다. 과거 스포츠는 '젊음'의 상징이었다. 치열한 경쟁, 강한 체력, 빠른 반응 속도… 이런 요소들이 중심이었던 스포츠 세계에서 고령자는 '관객'으로만 머물렀을 뿐이다. 그러나 지금은 다르다. 시니어들이 직접 몸을 움직이는 '주인공'이 되고 있다.

건강한 삶에 대한 열망, 삶의 의미를 되찾고자 하는 간절함, 그리고 공동체 속에서 웃고 떠들고 싶은 마음이 운동장을 다시 걷게 만들었다. 그리고 그 중심에 바로, 파크골프가 있었다.

02.

파크골프란 무엇인가
―철학과 구조로 읽는 신개념 스포츠

파크골프는 '공원(Park)'과 '골프(Golf)'가 결합된 스포츠로, 누구나 부담없이 즐길 수 있도록 고안된 새로운 개념의 운동이다. 이 스포츠의 발상지는 일본 홋카이도(北海道)다. 맨처음 고령자를 위한 운동으로 시작되었는데, 이제는 세대를 뛰어넘는 새로운 스포츠 문화로 자리잡고 있다.

기존의 골프가 높은 비용, 긴 경기시간, 접근성 한계 등의 장벽이 있었다면 파크골프는 이러한 장벽을 허물고 경제적이고 간단하며 누구에게나 열려 있는 운동으로 발전했다.

파크골프의 기원과 철학

파크골프가 처음 시작된 것은 1983년 일본 홋카이도의 마쿠베츠라는 작은 마을이다. 처음 고안한 사람은 당시 마쿠베츠 교육청의 공무원인 마에하라 아츠시(前原懿)다. 그는 "누구나 쉽게, 부담 없이

할 수 있는 운동"을 목표로 공원에 7홀짜리 간이 코스를 직접 설계했고, 그곳이 세계 최초의 파크골프장이 되었다.

당시 일본은 빠르게 고령화되고 있었고, 고령자의 건강 유지와 사회적 관계 회복을 위해서는 새로운 형태의 생활 스포츠가 절실했다. 그는 값비싸고 복잡한 골프 대신, 단순하면서도 운동 효과가 크고, 사회적 관계를 형성할 수 있는 대안을 고민했고, 그 결과물이 바로 파크골프였다. 따라서 파크골프는 그 설계부터 철학이 담겨 있었던 것이다.

"누구나 할 수 있고, 어디서나 즐길 수 있으며, 부담 없이 접근할 수 있어야 한다."

이 철학은 경기 규칙, 장비 구성, 공간 설계 모두에 일관되게 반영되었다. 결국 파크골프는 단순한 스포츠를 넘어 시대를 반영한 사회적 솔루션으로서 일본 전역으로 퍼지게 되었다.

파크골프의 기본 구조와 규칙

파크골프는 기본적으로 9홀 코스를 기준으로 구성된다. 각 홀의 최대 길이는 150미터를 넘지 않으며, 9홀 전체의 총 길이는 790미터 이내로 제한되어 있다. 정규 코스는 18홀 또는 36홀로 구성되며, 한 번의 플레이에 약 60분에서 90분 정도가 소요된다.

경기 방식은 골프와 유사하다. 티잉그라운드에서 공을 쳐 홀컵에

파크골프 창시자 마에하라 아츠시(앞줄 오른쪽).

넣는 방식으로 진행되며, 적은 타수로 홀아웃하는 것이 승리의 조건이다. 그러나 일반적으로 파크골프는 스코어보다는 동반자들과 함께 걷고, 나누고, 즐기는 데 더 큰 의미를 둔다.

장비 구성과 특성

파크골프는 장비가 단순하다. 기본적으로 클럽 하나와 공 하나만 있으면 경기가 가능하다.

클럽의 길이는 보통 83cm에서 85cm 사이며, 감나무와 메이플 등 목재로 제작된 제품이 많다. 최근에는 카본 복합재를 이용한 고급형 제품도 많이 사용되고 있다. 사용자의 취향과 신체 조건에 따라 선택이 가능하며, 장비 가격은 20만 원대부터 200만 원을 넘는 고급형까지 다양하게 형성되어 있다. 공은 일반 골프공보다 훨씬 크고 가볍다. 지름은 약 6cm이며, 합성수지 재질로 만들어져 충격 흡수가 잘 되고 스핀이나 회전 없이 직진성 중심의 플레이가 가능하도록 설계되어 있다.

이와 같이 파크골프는 장비 구성이 단순하므로, 입문 장벽이 낮고 처음 시작하는 사람도 부담없이 참여할 수 있다는 것이 큰 장점이다.

파크골프의 운동 효과

파크골프는 겉보기엔 단순해 보이지만 운동 효과는 결코 가볍지 않다. 18홀 기준으로 약 4,000에서 5,000보를 걷게 되며, 공을 치고 걷는 반복적 동작을 통해 유산소 운동과 관절 운동을 동시에 경험할 수 있다.

특히 시니어에게는 걷기 운동 이상의 효과를 주는데, 균형감각 향상, 근력 유지, 관절 유연성 증가, 집중력과 판단력 회복에도 긍정적인 영향을 준다. 또한 자연 속에서 호흡하며 즐길 수 있는 점이 정신건강에도 도움을 준다.

파크골프가 가진 철학의 본질

파크골프는 단순히 "저렴하고 쉬운 운동"이 아니다. 그 본질은 다음 세 가지 철학으로 요약된다.

첫째, 누구나 함께할 수 있는 운동이다. 나이, 성별, 소득 수준, 운동 능력과 관계없이 모두가 동등한 출발선에 설 수 있다.

둘째, 일상 속에서 즐길 수 있는 운동이다. 도심 속 공원, 하천 유휴지, 복지시설 등 별도의 리조트나 회원권 없이도 일상과 맞닿은 곳 어디에서든 즐길 수 있다.

셋째, 사람을 연결하는 운동이다. 파크골프는 경쟁보다 배려, 속도보다 기다림, 실력보다 함께 걷는 시간을 중요시한다. 혼자가 아닌 여럿이 함께 걷고 즐기며 라운드를 도는 그 과정이 이 스포츠의 가장 아름다운 철학이다.

이처럼 파크골프는 규칙이나 장비보다, 사람과 삶을 중심에 두는 운동이다. 이제 대한민국도 파크골프의 철학을 품고, 우리 사회의 고령화, 지역소멸, 세대 단절이라는 문제 앞에 스포츠가 가진 새로운 해답을 던질 때가 되었다.

일본 제1호 파크골프장(츠츠지 인증 표지판).

03.

골프를 넘어선다
― 쉬움, 경제성, 공동체성의 스포츠

　골프는 오랜 역사를 지닌 매력적인 스포츠다. 넓은 자연 속에서 집중력과 정교함을 발휘해야 하고, 고요함 속에서 스스로를 마주할 수 있다는 점에서 많은 사람들의 로망이기도 하다. 하지만 현실의 벽은 높다. 고가의 장비, 회원권이나 그린피 같은 고비용 구조, 복잡한 룰과 에티켓, 하루를 꼬박 써야 하는 시간 소모까지. 누구나 선뜻 시작하기엔 진입장벽이 너무 높다. 그래서 골프는 여전히 특정 계층의 전유물로 인식되곤 한다.

　이런 장벽을 완전히 무너뜨린 스포츠가 바로 파크골프다. 골프가 품지 못했던 대중성과 공동체성, 그리고 인간적인 따뜻함까지 고스란히 담아낸 파크골프는, 단순한 대안 스포츠가 아니라 '새로운 시대의 스포츠 문화'로 자리잡고 있다.

진입 장벽이 낮다

파크골프의 가장 큰 장점은 대중성이다. 클럽 하나, 공 하나면 준비 끝이다. 복잡한 준비물도, 부담스러운 복장도 필요 없다. 처음 라운드에 나서는 데 필요한 설명도 단 5분이면 충분하다. 규칙은 단순하고 직관적이며, 연령과 운동능력에 관계없이 누구나 금세 즐길 수 있다. 실제로 파크골프장의 구성은 골프장보다 훨씬 작고 평탄하며, 대부분 공원이나 하천변, 유휴부지에 조성되어 있어 누구나 찾아가기 쉽다. 이 모든 요소가 파크골프를 '가장 쉽게 시작할 수 있는 스포츠'로 만들었다.

경제성도 탁월하다. 다른 레저 스포츠와 달리, 파크골프는 수만 원 수준의 장비로도 충분히 라운딩이 가능하다. 많은 지자체가 운영하는 공공 파크골프장은 무료 또는 매우 저렴한 이용료로 제공되고 있어, 지속 가능한 취미로서도 손색이 없다.

실제로 2021년 기준 사단법인 대한파크골프협회의 회원 수는 약 64,000명이었지만, 불과 3년 후인 2024년 말에는 183,788명으로 폭증했고, 추정 동호인은 약 50만 명에 달한다. 이는 단순한 유행이 아닌 구조적 변화이며, 파크골프가 시대적 요구에 부응하고 있다는 증거다.

운동 효과가 뛰어나고, 함께하는 스포츠

파크골프의 진정한 가치는 '함께하는 스포츠'라는 점에서 빛난다. 혼자서도 즐길 수 있지만, 함께할 때 더 즐겁고, 더 오래 간다. 경쟁보다는 배려, 점수보다는 웃음이 더 중요한 이 종목은, 사람들 사이에 자연스럽게 대화와 교류를 만들어낸다. 공을 치고 나면 다음 홀까지 걷는다. 함께 걷는 그 시간 동안 사람들은 삶을 이야기하고, 서로를 위로하며, 다시 내일을 살아갈 힘을 얻는다.

파크골프는 단순한 운동이 아니라 끊어진 관계를 다시 잇고 공동체를 되살리는 연결의 플랫폼이다.

운동 효과도 뛰어나다. 한 번의 라운드로 3~4킬로미터를 걷게 되며, 무리 없는 유산소 운동으로 건강을 유지할 수 있다. 무엇보다 신체적으로 큰 부담 없이 매일같이 즐길 수 있다는 점에서, 시니어들에게는 '운동이 아닌 일상'으로 자리잡고 있다. 이는 건강관리라는 측면에서도 매우 바람직한 구조다.

여성 참여율 높고, 부부가 함께 할 수 있다

놀라운 사실은 여성의 참여율이 더 높다는 점이다. 남성에게는 정년이라는 벽이 있고, 여성에게는 자녀의 독립과 함께 찾아오는 '빈둥지 증후군'이라는 절벽이 있다. 일상에서 역할이 사라지고, 자신을

위한 시간이 생겼을 때, 많은 여성들은 새로운 의미와 활력을 찾고자 한다. 파크골프는 그런 여성들에게 단순한 스포츠를 넘어, 새로운 관계와 자존감, 그리고 삶의 리듬을 되찾게 해주는 소중한 공간이다.

또한 파크골프는 부부가 함께할 수 있는 거의 유일한 운동이기도 하다. 더욱이 공동의 취미가 절실한 시니어 세대에게는 매우 좋은 운동이다.

등산은 체력 차이로 금세 멈추기 쉽고, 탁구나 배드민턴은 실력 차이로 흥미가 떨어진다. 그러나 파크골프는 감각과 타이밍, 여유와 배려가 중심인 스포츠라서 함께 시작하고, 함께 성장할 수 있다. 실수를 웃으며 넘기고, 나란히 걷는 그 시간 속에서 부부는 공통의 화제를 찾게 되고 다시 '대화'하게 된다.

지금 공원에서 가장 먼저 파크골프장 문을 여는 사람은 관리인이 아니다. 새벽 6시, 자신만의 라운드를 기다리며 운동복 차림으로 모여드는 시니어들, 경기 후 컵라면을 나누는 노부부, 오전 한 게임 돌고 오후엔 수영하러 간다는 주부, 공을 맞히고 박수치며 낯선 어른들에게 먼저 인사하는 아이들. 이 모든 장면이 지금 파크골프장 어디에서나 펼쳐지고 있는 우리의 풍경이다.

이것이 파크골프다. 골프가 품지 못한 사람들을 위한 스포츠, 스포츠 그 이상을 담고 있는 삶의 방식. 파크골프는 쉽고, 경제적이고, 공동체적이다. 그리고 이 세 가지 특성은 지금 우리 사회가 가장 절실히 필요로 하는 요소다. 그렇기에 파크골프는 단순한 트렌드가 아니라, 시대를 만난 스포츠인 것이다.

2004년 5월 15일 개장한 서울 여의도 63빌딩 앞 고수부지의 파크골프장.
우리나라 1호 파크골프장이다.

여의도 파크골프장 조성공사 당시 감독관이던 저자.

2부
파크골프가 바꾸는 것들

04.
파크골프가 만드는 새로운 직업들

파크골프, 대한민국을 바꾸는 새로운 물결

불과 몇 해 전까지만 해도 파크골프는 일부 시니어들의 새로운 여가활동, 혹은 조용한 도시 외곽의 공원에서만 만날 수 있는 소소한 스포츠에 불과했다. 그러나 지금 우리는 이 작은 변화가 사회 곳곳에서 거대한 파장을 일으키고 있음을 목도하고 있다.

파크골프가 단순히 '누구나 쉽게 즐길 수 있는 스포츠'를 넘어 도시와 지방의 풍경을 바꾸고 있다. 은퇴 후 새로운 삶의 의미를 찾던 실버 세대, 가족과 세대가 함께하는 공동체, 그리고 앞으로 우리 사회를 이끌어갈 미래 세대까지—파크골프는 세대를 뛰어넘어 모든 이들에게 삶의 활력을 불어넣고 있다.

파크골프가 창출하는 사회적·경제적 변화를 주목해야 한다. 새롭게 탄생한 직업들과 일자리, 지역경제와 관광산업의 활성화, 유휴지와 지방의 재생, 교육과 복지, 그리고 건강한 공동체의 새로운 모습까지. 파크골프는 이제 '스포츠' 그 이상의 의미를 갖고 있다.

지금 우리는 거대한 전환점에 서 있다. 앞으로 파크골프가 어떻게 우리 사회의 미래를 열어갈지, 그 현장과 변화를 직접 들여다보도록 한다.

공인 지도사, 심판, 코스 관리인 등 새로운 전문직

파크골프의 확산은 단순한 레저 스포츠의 변화를 넘어, 다양한 분야에서 새로운 일자리와 전문직의 필요성을 낳고 있다. 파크골프는 남녀노소 누구나 쉽게 즐길 수 있다는 점에서 대중적이지만, 이면에는 매우 다양한 직업과 산업이 새롭게 등장하고 있음을 주목할 필요가 있다.

무엇보다 '파크골프 지도자'라는 전문 직업이 본격적으로 자리 잡았다. 파크골프장의 수가 늘고, 다양한 계층의 입문자가 증가하면서 지도자는 단순한 룰 전달을 넘어 참가자의 연령, 체력, 목적에 맞는 맞춤형 교육과 안전관리, 그리고 동기부여까지 담당한다.

공인 지도사 자격제도가 생기면서 파크골프장, 아카데미, 복지관, 학교 등 다양한 공간에서 지도사들이 활동 중이며, 교육 프로그램을 기획하고 운영하는 역할까지 맡고 있다.

또한 '파크골프 심판'과 '경기 운영 전문가'의 수요도 크게 증가했다. 전국적 규모의 대회가 정기적으로 개최되고, 프로파크골프협회

파크골프 지도자 자격연수.

등 민간단체 주최의 리그나 대회가 늘면서, 공정한 판정과 경기의 원활한 운영, 참가자 안전 관리에 전문성을 가진 인력이 필수가 되었다.

이 과정에서 파크골프 대회를 기획하고 마케팅하며, 현장 운영을 총괄하는 마케터 및 이벤트 플래너, 대회 진행자, 기록원, 그리고 미디어·콘텐츠 전문가 등도 새로운 직업군으로 자리잡고 있다.

파크골프 산업, 플랫폼 기반 사업모델로 확대

파크골프장의 증가와 함께 '파크골프장 설계·시공 전문가'와 '코스 관리인'에 대한 수요 역시 빠르게 늘고 있다. 기존 골프장과는 전혀 다른 관점에서 파크골프에 특화된 코스 설계, 부지 선정, 조경, 잔디 관리, 친환경 유지, 시설물 안전 점검 등 세분화된 전문성이 요구된다. 현재는 일본과 한국에서만 파크골프장 설계사가 독립된 전문직으로 존재하고, 이 분야의 기술 표준과 교육 시스템이 점차 확립되어가고 있다. 특히 최근에는 스마트 시설, 무인 관리 시스템, 친환경 유지기술 등 새로운 기술을 적용할 수 있는 기획·설계·운영 인력이 필수적으로 필요해지고 있다.

이와 함께 파크골프 산업의 성장과 더불어 '장비 및 용품 개발자'와 '유통·브랜드 전문가'의 역할도 중요해졌다. 클럽, 공, 의류, 용품 시장이 빠르게 커지면서, R&D 전문가, 브랜드 매니저, 수출입 담당자, 온라인 유통·마케팅 인력 등 다양한 전문직이 창출되고 있다.

특히 최근에는 스크린 파크골프나 IT 기반 스코어링 시스템 등 기존 골프에서 활용되던 첨단 기술을 파크골프에 새롭게 적용하려는 시도들이 늘고 있다. 이러한 흐름 속에서 '파크스테이션'과 같이 플랫폼 기반의 사업모델을 도입하는 기업들도 주목받고 있다.

파크스테이션은 장비 유통, 강사 매칭, 대회·이벤트 운영, 커뮤니티 관리 등 파크골프 생태계 전반을 아우르는 혁신 플랫폼으로, 관련 직업의 다양화와 전문화를 촉진하고 있다.

관광 상품, 시니어·장애인 위한 스포츠 복지까지

파크골프는 단순한 스포츠를 넘어 '여행'과 '관광' 산업과도 연계된다. 일본에서는 파크골프 투어리즘이 소극적이지만 최근 국내에서는 시니어, 가족, 동호인들을 대상으로 한 파크골프 투어리즘이 빠르게 성장하고 있다.

이 분야에서 우리나라가 선도적 역할을 하며, 이를 기반으로 일본, 태국, 대만, 중국 등으로 파크골프 투어리즘의 범위가 확대되고 있다. 이에 따라 파크골프 전문 여행플래너, 투어 가이드, 축제·이벤트 매니저, 지역 연계 체험 프로그램 기획자 등 새로운 직업도 생겨나고 있다.

이밖에도, 복지시설, 병원, 요양원 등에서는 파크골프 프로그램을

운영하는 '스포츠 복지사', 시니어·장애인을 위한 '파크골프 테라피스트' 등 융합형 서비스 직업이 늘고 있다. 파크골프의 접근성과 안전성, 커뮤니티성이 높아짐에 따라 사회적 약자나 소외계층을 위한 스포츠 복지 분야도 새로운 전문직의 장으로 성장하고 있다.

마지막으로, 파크골프 플랫폼과 네트워크를 운영하는 커뮤니티 관리자, 소셜미디어 콘텐츠 크리에이터, 온라인 교육 전문가 등도 파크골프 산업의 성장과 함께 전문영역을 넓혀가고 있다.

이처럼 파크골프는 이미 수많은 새로운 직업을 만들고 있으며, 앞으로도 각자의 영역에서 전문성과 창의성을 바탕으로 다양한 일자리와 새로운 가치를 지속적으로 창출할 것이다. 그리고 그 변화의 한복판에서 파크스테이션과 같은 혁신 플랫폼이 더 많은 기회와 연결을 만들어가고 있다.

05.
지방이 살아난다
―지자체와 유휴지, 관광산업의 결합

파크골프는 지금 대한민국의 지역 풍경을 근본적으로 바꾸고 있다. 인구 유출과 고령화, 산업 쇠퇴, 유휴지 방치 등으로 침체를 겪던 많은 지방 도시와 농촌 마을들이 파크골프를 통해 활력을 되찾고 있다. 이제 파크골프장은 단순한 운동 시설이 아니라, 유휴지의 재탄생, 지역경제의 부흥, 그리고 관광과 커뮤니티의 중심지로 성장해가고 있다.

지역 재생 전략의 핵심, 관광과 문화의 구심점

지역에 파크골프장이 들어서는 데는 뚜렷한 이유가 있다. 대부분의 파크골프장은 강변, 저수지 주변, 농촌, 도시 외곽 등 오랫동안 활용도가 낮았던 부지를 활용해 조성된다. 적은 예산으로도 충분히 만들 수 있고, 자연 환경을 훼손하지 않으면서 지역의 새로운 자산으로 탈바꿈할 수 있다. 이러한 특성 덕분에 전국 각지의 지방자치단체들이 파크골프장을 지역 재생 전략의 핵심으로 받아들이고 있다.

강원도 화천군의 사례는 특히 주목할 만하다. 화천군은 아름다운 자연환경과 풍부한 하천 자원을 갖추고 있지만, 겨울에 열리는 산천어축제를 제외하면 그동안 사계절 내내 즐길 수 있는 관광 인프라가 부족했다. 이에 군은 화천강 인근의 유휴 하천부지를 적극적으로 활용하여 대규모 파크골프장을 조성했다. 이 파크골프장은 개장 이후 지역 주민은 물론, 전국 각지에서 방문하는 동호인과 관광객으로 연일 붐비는 명소가 됐다. 파크골프장의 인기는 주변 마을 상권과 숙박업, 특산물 판매장 등에도 긍정적 영향을 미쳤고, 지역경제 활성화와 함께 마을 공동체에도 새로운 활력을 불어넣었다.

이러한 변화는 비단 화천군만의 이야기가 아니다. 경기도 포천시 역시 최근 최대 규모의 36홀 파크골프장을 조성하며, 유휴지를 지역 자산으로 전환하는 성공사례를 만들어내고 있다. 이처럼 지자체 주도로 다양한 유휴 부지가 파크골프장으로 탈바꿈하며, 각 지역의 특성에 맞춘 성공 모델이 전국적으로 확산되고 있다.

파크골프장은 이제 지역 경제와 문화, 관광의 구심점으로 자리 잡았다. 주말이면 가족 단위 관광객과 동호인, 대회 참가자들이 몰려들고, 이는 식당, 카페, 숙박업체 등 지역 상권의 매출 증가로 자연스럽게 이어진다. 또, 파크골프 대회와 체험 프로그램, 지역 축제와의 연계는 지역 브랜드와 특산물 홍보, 농산물 직거래 등 다양한 부가가치를 창출하고 있다.

미래 성장동력의 체류형 사업으로 확대

　더불어 파크골프의 관광자원화 역시 주목할 만하다. 기존의 관광이 자연 경관 감상이나 휴양에 머물렀다면, 파크골프는 '체험'과 '스포츠'라는 새로운 콘텐츠를 지역에 불어넣는다. 파크골프장 투어, 동호인 여행 패키지, 가족 단위 체험여행 등 다양한 상품이 개발되고, 지방의 체류형 관광 활성화에도 크게 기여하고 있다.

　또한, 파크골프장은 지역 커뮤니티의 중심지로도 기능하다. 주민들이 자연스럽게 어울리는 교류의 장이 되고, 귀촌·귀향 인구, 청년 창업자 등 다양한 세대와 계층이 함께 새로운 공동체를 만들어간다. 파크골프를 기반으로 한 마을기업, 협동조합, 소상공인 사업이 생겨나며, 지역사회에 새로운 일자리와 기회가 생겨난다. 시니어 세대에게는 건강한 노후와 사회적 소속감을, 청년층에게는 창업과 경제활동의 플랫폼을 제공하는 것이다.

　이처럼 파크골프가 가져온 변화는 단순히 시설의 증가, 동호인 수의 확대에만 그치지 않는다. 파크골프는 지방 소멸과 지역 침체라는 심각한 사회문제에 실질적 해법을 제시하며, 지방의 미래 성장동력으로 떠오르고 있다. 전국의 다양한 지자체가 파크골프를 중심으로 복지, 관광, 경제, 커뮤니티 활성화 등 다양한 정책과 모델을 시도하고 있으며, 이러한 흐름은 앞으로도 더욱 확산될 것이다.

　파크골프는 앞으로도 대한민국 곳곳에서 유휴지의 재탄생, 지역

포천 한여울파크골프장
(2026년 봄 개장 예정).

화천파크골프장.

경제의 부흥, 건강한 공동체의 형성, 그리고 새로운 관광 패러다임의 확산을 이끌어갈 것이다. 그 중심에는 지역 주민, 지자체, 그리고 파크골프를 사랑하는 수많은 사람들이 함께하고 있다.

06.

교육과 미래세대
―유소년 파크골프, 대학 학과 개설

파크골프는 처음 등장했을 때만 해도 '누구나 쉽게 즐기는 생활체육'이라는 인식이 강했다. 그러나 짧은 시간 안에 세대와 계층, 지역을 뛰어넘어 전국적으로 확산되면서, 이제는 단순한 여가를 넘어 교육·전문직업·지역산업을 잇는 플랫폼으로 진화하고 있다. 특히 대학의 역할이 점점 더 중요해지고 있다. 대학은 파크골프산업의 가교이자 허브로서, 생활체육에서 전문체육으로 도약하는 데 있어 핵심적 역할을 수행한다.

학교 체육과 방과후 활동 등 미래세대를 위한 파크골프 교육

먼저, 유소년 파크골프는 학교 체육과 방과후 활동, 지역 아동센터 등에서 빠르게 자리잡고 있다. 초등학생들도 부담 없이 참여할 수 있는 쉬운 룰과 단순한 장비로 할 수 있기 때문에 도입 장벽이 높지 않다. 그리고 '매너'와 '배려', '집중력' 등 다양한 인성교육 효과로 인해 많은 학교와 기관에서 파크골프를 교육 프로그램에 도입하고 있다. 교실 안에서 친구와 경쟁하며 서로 협동하고, 때로는 부모와 손잡고 파크골프장을 누비는 모습은 세대통합 스포츠로서의 매력을 잘 보여준다. 가족대회, 청소년 리그, 세대연합 경기 등은 이제 전국 곳곳에서 열리고 있다.

대학의 역할—생활체육에서 전문체육, 산업으로

파크골프가 '산업'으로 성장하고 '프로' 체계로 나아가기 위해서는 단순한 동호회 중심의 생활체육을 넘어, 전문 인력과 체계적 시스템 구축이 필수적이다. 이 연결고리를 만들어내는 곳이 바로 대학이다.

대학은 교육과 연구, 실습과 현장연계, 자격증·인증·취업까지 파크골프산업의 전 주기를 연결하는 허브 역할을 한다.

우리나라에서는 목포과학대학교가 최초로 '파크골프과'를 신설해, 실습 위주의 커리큘럼과 국가·민간 자격증 연계, 취업 연계형 교육 시스템을 구축했다. 최근에는 같은 대학에서 '파크골프산업복지학과'를 추가로 신설하여 파크골프와 복지, 지역사회, 서비스 산업을 연결하는 융합형 인재 양성의 방향을 제시했다.

이밖에도 영진전문대학교, 구미대학교, 한국승강기대학교 등에서 파크골프 관련 학과, 평생교육원, 최고위 과정 등이 신설되거나 운영되고 있다. 이들 대학에서는 지도자 양성, 코스 설계 및 관리, 경기 운영, 마케팅, 관광·서비스, 용품 개발 등 실제 산업 현장과 연계된 실무 중심 교육을 강화하고 있다. 대학이 주도하는 산학연계, 현장실습, 공공기관 및 민간 기업과의 협력 모델도 점차 확대되고 있다.

전문인력 양성, 파크골프 체계화의 허브

파크골프의 산업적 성장과 '전문체육'으로의 도약, 그리고 글로벌 리그, 프로 대회, 국제 인증까지 모두 대학 기반의 전문인력 양성이 뒷받침될 때 실현 가능하다. 체계적인 지도자 교육, 경기운영 시스템, 시설관리와 안전, 스포츠 과학적 분석, 마케팅 및 융복합 연구 등에서 대학의 역할은 앞으로 더욱 커질 것이다.

이처럼 대학은 단순히 학생을 가르치는 곳이 아니라, 파크골프 산업 생태계를 구축하고 글로벌 경쟁력을 갖추는 데 있어 '허브'이자 '가교'가 되고 있다. 대학을 중심으로 한 전문 인력 양성과 연구, 현장 연계 교육이야말로 한국 파크골프가 세계를 선도하는 체계로 도약하는 가장 현실적이고 중요한 기반이 될 것이다.

파크골프의 미래는 이미 시작됐다. 그 변화의 한가운데에는 대학과 교육, 그리고 이를 통해 성장하는 수많은 젊은 인재들이 있다. 이제 파크골프는 단순한 생활체육의 시대를 넘어 전문 스포츠, 글로벌

유소년 파크골프 프로그램.

산업, 그리고 미래세대를 위한 교육 플랫폼으로 진화하고 있다. 한국이 세계 파크골프의 중심이 되기 위해서도 대학 교육의 힘이 반드시 필요하다.

07.
건강·복지·의료와 연계되는 스포츠

우리 사회가 빠르게 초고령사회로 진입하면서, 국민건강과 의료비 문제는 국가적 과제가 되었다. 특히 60세 전후, 신체적·심리적으로 새로운 삶의 변곡점을 맞는 세대에서 파크골프의 의미는 더욱 크다. 이 중에서도 오랜 시간 가정과 사회에서 헌신한 여성들이, 폐경기 이후 신체 변화와 우울감, 사회적 고립을 경험하는 사례가 급증히고 있다. 이들은 "이제부터는 나만의 삶, 나만의 건강"을 찾아야 하는 시기이기도 하다.

건강수명, 신체기능 유지에 최적의 스포츠

건강수명(Healthspan)은 단순히 오래 사는 것이 아니라, '질병 없이 건강하게 살아가는 기간'을 의미한다. 우리나라의 평균 기대수명은 이미 83세를 넘었지만, 건강수명은 73세 전후에 머문다. 즉, 인생의 마지막 10년은 질병이나 장애로 고통받는 경우가 많다는 뜻이다.

이 건강수명을 연장하는 데 가장 중요한 것이 규칙적인 신체활동, 사회적 관계, 우울증 예방, 근감소증 방지 등이다. 파크골프는 그 모든 조건을 자연스럽게 충족시키는 최적의 스포츠다.

하루 18홀 라운딩만으로도 4~5,000보 이상 걷게 되고, 상하체 근력과 유연성, 균형감각을 꾸준히 자극한다. 강도 높은 운동이 아니라 관절·근육에 무리가 없으면서 만성질환(고혈압, 당뇨, 관절염, 심혈관질환 등) 예방에 탁월하다. 실제로, 복지기관이 실시한 실증사업에서는 파크골프 동호인들이 그렇지 않은 그룹에 비해 근감소증 발생률이 절반 이하로 낮고, 골밀도·심폐기능·우울증 지표 모두 현저히 개선된 결과가 나타났다.

특히 60대 이상 여성의 경우, 파크골프를 통해 폐경 이후 급격히 떨어지는 신체 활동량을 회복하고 에스트로겐 감소로 인한 골다공증, 우울증, 근육약화 등 다양한 위험요인을 효과적으로 줄일 수 있다. 실제로 "파크골프를 시작한 후 만성통증과 불면증이 사라졌다" "관절이 아파서 힘들었는데, 이제는 몸도 마음도 더 젊어졌다"는 시니어 여성들의 생생한 증언이 들려오고 있다.

심리적 건강, 사회적 연결, 인생의 재발견

파크골프의 또 다른 강점은 정신건강에 있다. 은퇴, 자녀 독립, 사회적 역할의 축소로 인해 심한 외로움과 우울증, 자존감 저하를 겪는 이들이 많다. 파크골프는 혼자라도 시작할 수 있지만, 라운드마다 새로운 동반자를 만나고, 커뮤니티에 자연스럽게 소속될 수 있어 사회적 연결망 형성과 우울증 예방에 큰 역할을 한다.

특히, 오랫동안 가정에 헌신해온 여성 시니어들은 파크골프를 통해 자신만의 취미와 인간관계를 새로이 쌓으며 "내 인생의 두 번째 봄"을 누릴 수 있게 된다. 운동 자체가 힐링이고, 사람과의 소통이 곧 정신적 건강회복으로 이어진다. 복지관, 경로당, 건강센터 등에서는 파크골프 교실, 동호회 활동, 세대 통합 프로그램 등을 통해 수많은 이들에게 심리적 안정과 자존감을 돌려주고 있다.

국가 의료비 절감과 복지경제의 선순환

고령화가 심화될수록 국가 의료비는 기하급수적으로 증가한다. 보건복지부 자료에 따르면, 2023년 전체 건강보험 진료비의 45% 이상이 65세 이상 고령층에 집중되었고, 그 증가폭은 매년 가파르게 오르고 있다. 이 중 대부분이 만성질환·근골격계 질환·정신건강 문제 등 예방 가능한 영역에서 발생한다.

파크골프는 이러한 의료비 부담을 줄이는 실질적 해법이다. 정기적으로 파크골프를 즐기는 시니어들의 의료비 지출이 비활동군에 비해 20~40% 낮다는 여러 국내외 연구 결과가 있으며, 국가 차원에서도 "생활체육 활성화가 연간 수조 원의 의료비를 줄인다"는 공식

통계가 발표되고 있다.

의사, 보건소, 재활의학 전문가들도 파크골프를 치매·근감소증·당뇨병·관절염·우울증 등 노인성 질환 예방과 재활치료 보조 프로그램으로 권장하고 있다. 더 나아가 파크골프는 복지와 경제의 선순환 구조를 만들어낸다. 각종 복지시설, 요양병원, 재활센터, 장애인 복지관 등에서 파크골프 프로그램을 도입하면서 시설의 건강관리 효과와 만족도가 크게 향상되고, 관련 일자리, 용품 시장, 지역경제 활성화 등 경제적 파급효과도 눈에 띄게 증가하고 있다.

미래형 복지 스포츠, 모두를 위한 건강 플랫폼

파크골프는 이제 운동을 넘어, 국가와 지역, 가족 모두에게 건강수명을 연장하고, 의료비를 줄이며, 삶의 질을 높이는 미래형 복지 스포츠로 자리매김했다. 특히 여성 시니어, 고령자, 장애인 등 그동안 체육에서 소외됐던 수많은 이들에게 파크골프는 가장 쉽고, 즐겁고, 오래할 수 있는 진정한 인생의 동반자다.

앞으로도 파크골프를 통한 건강·복지·의료 혁신은 대한민국 사회 전반에 큰 파도를 일으킬 것이다. 건강수명이 길어지고, 의료비가 줄고, 누구나 "더 오래, 더 행복하게" 살아가는 그 중심에 바로 파크골프가 있을 것이다.

08.
ESG 시대, 파크골프의 경쟁력

세계는 지금 '지속가능성'이라는 단어를 중심으로 빠르게 재편되고 있다. 기후위기는 더이상 학자들의 경고가 아니라, 매년 반복되는 폭염과 폭우, 가뭄과 홍수로 우리 삶을 위협하는 현실이 되었다. 자원 부족은 물과 에너지 문제를 넘어 도시의 생존 방식까지 바꾸어놓고 있다.

이러한 변화 속에서 기업의 경영은 물론 도시 개발, 복지, 교육, 심지어 여가와 스포츠까지도 ESG 관점에서 평가받는 시대가 되었다. 환경(Environment), 사회(Social), 지배구조(Governance)—이 세 가지 축은 이제 정책의 방향이자 투자와 선택의 기준이며, 미래를 설계하는 유일한 언어가 되고 있다.

스포츠 역시 이 흐름을 피해갈 수 없다. 얼마나 자연을 보존하고, 얼마나 사회적 가치를 만들며, 얼마나 투명하게 운영되는지가 스포츠의 생존을 가르는 조건이 되었다.

그렇다면, 파크골프는 이 거대한 흐름 속에서 어떤 가치를 가질 수 있을까? 그리고 어떻게 하면 시대가 요구하는 ESG의 언어로 자신을 증명할 수 있을까?

환경(Environment): 물과 녹지를 살리는 작은 인프라

오늘날 인류가 직면한 가장 심각한 위협은 기후위기다. 지구 평균 기온은 계속 오르고 있으며, 그 결과 폭염·폭우·가뭄·홍수가 일상처럼 반복되고 있다. 물은 점점 귀해지고, 생태계는 파괴되고 있으며, 대도시는 열섬 현상과 미세먼지로 몸살을 앓고 있다.

이런 상황에서 '스포츠'라는 이름으로 대규모 잔디밭을 조성하고, 엄청난 물과 에너지를 소비하는 것이 과연 합당한가라는 질문은 피할 수 없다. 실제로 전통 골프장은 막대한 토지와 자원을 소모하며 환경단체의 비판을 받아왔다.

이 지점에서 파크골프의 환경적 가치는 분명하다. 파크골프장은 대규모 토목이나 벌목 없이도 도심 속 유휴지, 하천변, 학교 운동장, 공원 같은 공간을 활용할 수 있다. 작지만 충분한 몰입감을 주는 코스 구성이 가능하고, 자연을 보존하면서도 새로운 활력을 불어넣을 수 있다는 점에서 골프와는 본질적으로 다르다.

그러나 현실적으로는 민간이 파크골프장을 개발할 경우, 산지를 재정리하거나 토지를 새로 조성하는 일이 불가피하게 발생하기도 한다. 기존의 지형을 바꾸고 숲을 일부 훼손하는 과정은 분명 환경적 부담을 동반한다.

따라서 파크골프가 진정한 ESG 스포츠로 자리잡기 위해서는 무분별한 난개발을 경계하고, 최소한의 환경 훼손으로 최대한의 효과를 내는 설계 원칙을 세워야 한다. 산을 깎아내는 대신 지형을 존중하는 설계, 인공 구조물 대신 자연형 소재를 활용하는 조성, 그리고 조성 후에는 지역 생태를 복원하는 노력이 함께해야 한다.

특히 빗물저금통 기반 저면관수형 그린 공법은 환경 부담을 줄이는 핵심 대안이다. 비가 내릴 때 저장한 물을 뿌리층으로 천천히 공급하는 이 방식은 지하수와 상수도 사용을 줄이고, 기후위기의 양극단 '가뭄과 폭우'에 대응할 수 있다. 유지비 절감 이상의 의미를 가지며, 파크골프장이 도시 물순환과 생태 기반 인프라의 일부로 기능하도록 만든다.

또한 파크골프장은 이동 교통 측면에서도 친환경적이다. 도심 가까이에 자리잡을 수 있어 장거리 이동이 필요 없고, 라운드 자체가 걷기를 중심으로 이루어져 전동카트를 쓰지 않는다. 향후 동네 곳곳에 파크골프장이 자리 잡는다면 주민들은 차 대신 도보나 대중교통으로 쉽게 찾아와 운동할 수 있을 것이다. 이는 개인의 건강뿐 아니라 도시 전체의 탄소 배출을 줄이는 효과로 이어진다.

결국 파크골프장은 단순한 운동 시설을 넘어 환경을 지키면서도 부담을 줄일 수 있는 스포츠 인프라다. 다만 무분별한 산지 개발과 같은 잘못된 방식이 아닌, 환경을 최소로 훼손하고, 자원을 최대한

절약하며, 지역 생태를 보존하는 방향으로 조성될 때 비로소 ESG 시대의 모범적 모델로 자리매김할 수 있다.

사회(Social): 세대와 계층을 연결하는 커뮤니티

사회적 관점에서 파크골프의 경쟁력은 더욱 선명하다. 고령화가 가속화되는 시대에 시니어에게 필요한 것은 적절한 '움직임'이다. 파크골프는 신체 부담이 크지 않으면서도 걷기와 스윙, 퍼팅이 결합된 전신 운동이 가능하다. 그 과정에서 대화와 교류가 자연스럽게 이루어지고, 치매 예방과 우울증 완화, 고립감 해소에도 효과적이다.

더 나아가 파크골프는 실외와 실내라는 두 가지 공간을 모두 품고 있어, 세대와 계층을 잇는 힘을 한층 더 강화한다. 햇볕과 바람을 느끼며 즐기는 실외 파크골프장은 자연 속 걷기와 운동이 결합된 최고의 건강 프로그램이 된다. 반면 실내 파크골프장은 기후나 계절, 날씨의 제약을 받지 않으며, 도심 속에서도 접근성이 뛰어나 시니어와 청년, 직장인과 가족 모두가 쉽게 어울릴 수 있는 장점이 있다. 이 두 가지 형태가 서로를 보완하며 파크골프를 일상 속 365일 가능한 생활 스포츠로 만든다.

유소년부터 고령자까지, 장애인과 비장애인이 함께 즐길 수 있는 몇 안 되는 스포츠라는 점도 포용성을 보여준다. 이러한 장점은 지역 복지관, 노인회, 학교, 다문화센터와 결합할 때 더욱 빛을 발한

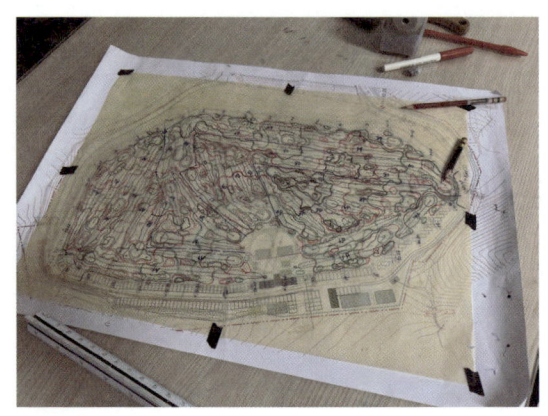

저자가 설계한 천안
유관순파크골프장 기본계획.

포천 한여울파크골프장.

다. 파크골프장은 단순한 여가 시설을 넘어, 실내외 공간을 아우르며 지역사회의 건강과 관계망을 지탱하는 커뮤니티 허브로 발전할 수 있다.

또한 지도자·운영자·봉사자를 포함한 다양한 일자리를 만들어내며, 시니어 코치나 관리 인력 같은 새로운 사회적 역할을 창출한다. 실외 코스 관리와 실내 시설 운영이 동시에 확산되면, 파크골프는 더 많은 지역 일자리와 참여 기회를 만들어내며 사회적 가치 창출의 범위를 넓혀갈 것이다.

거버넌스(Governance): 투명성과 협력의 운영 구조

파크골프장의 운영은 본질적으로 거버넌스 모델이다. 지자체가 부지를 제공하고, 민간기업이 설계와 운영을 맡으며, 시민이 직접 참여하는 구조는 민관 협력의 대표적인 사례로 손꼽힐 수 있다. 특히 사회적 기업이나 마을기업, 시니어 협동조합이 운영에 참여한다면, 지역 일자리를 창출하고 수익을 다시 지역에 환원하는 선순환 구조를 만들 수 있다.

그러나 현재의 현실은 조금 다르다. 우리나라의 파크골프장은 대부분 지자체가 직접 설계하고, 공사를 발주하며, 운영까지 맡는 방식으로 진행된다. 이는 보급 초창기에는 안정성과 속도를 확보하는 데 효과적이었으나, 장기적으로는 공공이 모든 부담을 떠안는 구조가 되어 효율성과 지속가능성이 떨어질 수 있다. 앞으로는 민간의 전문성과 시민의 자발적 참여가 더해져 운영 주체가 다층화되고, 지역사회와 수익을 나누는 구조로 발전해야 한다.

이 점에서 일본의 사례는 시사하는 바가 크다. 일본 홋카이도와 도호쿠 지역의 일부 파크골프장은 지자체가 땅을 제공하고, 지역 주민 조합이 관리와 운영을 맡는 방식으로 운영된다. 코스 유지와 대회 진행에 지역 주민이 참여하고, 수익 일부를 마을 행사나 복지 기금으로 환원한다. 덕분에 파크골프장은 단순한 체육시설을 넘어, 마을 경제와 생활문화의 중심으로 자리잡았다.

우리 역시 이러한 모델을 지향할 수 있다. 현재는 공공 주도의 구조가 중심이지만, 앞으로 민관 협력형 운영, 사회적 기업 참여, 지역 협동조합 결합으로 이어진다면 파크골프장은 단순한 운동장이 아니라 지역사회를 살리는 플랫폼으로 성장할 수 있을 것이다.

결론 : 짧지만 깊고, 단순하지만 지속가능하다

이제 파크골프는 단순한 생활체육이 아니라 ESG 산업으로 재정의되어야 한다. 환경을 살리고, 사회를 연결하며, 운영이 투명한 스포츠라는 점에서 ESG 평가 항목과 직접적으로 맞닿아 있다.

파크골프는 짧고 간단해 일상에 쉽게 들어오지만, 그 효과는 결코 작지 않다. 물순환을 도우면서도 탄소를 줄이고, 세대와 계층을 넘어 모두를 연결하며, 책임과 절차를 문서로 남길 수 있는 스포츠. 바로 이런 점 때문에 파크골프는 ESG 시대에 가장 설명하기 쉽고, 가장 매력적인 스포츠로 자리매김한다.

그리고 이 경쟁력은 국내를 넘어 글로벌 무대에서도 설득력을 가진다. ESG라는 공통 언어 위에서 파크골프는 한국의 경험을 세계와 공유하고, 새로운 시장과 문화를 연결하는 도구가 될 수 있다.

따라서 파크골프의 ESG 모델은 단순한 결론이 아니라, 앞으로 다가올 프로파크골프와 글로벌 전략을 지탱하는 든든한 토대가 된다.

3부
파크골프 산업의 생태계

산업으로 확장되는 파크골프—기회, 경쟁, 그리고 미래

파크골프는 이제 더이상 '공원에서 즐기는 노인들의 여가 스포츠'로만 불리지 않는다. 짧은 채 하나와 테니스공 크기의 플라스틱 공 하나에서 시작된 이 스포츠는 불과 수년 만에 경기장, 장비, 교육, 관광, 미디어, 플랫폼이 얽힌 거대한 산업 생태계로 변모하고 있다.

전국 수백 개의 경기장과 수십만 명의 동호인, 그리고 매년 급증하는 신규 참여자가 만들어내는 이 흐름은, 단순한 생활체육의 범주를 넘어 '산업'이라는 이름의 강물로 흘러가고 있다.

이 변화는 단순한 규모의 성장이 아니다. 경기장 건설과 운영에서 장비·용품 시장, 스크린 파크골프와 같은 융합 콘텐츠, 브랜드 전략, 자격증·협회 플랫폼 경쟁에 이르기까지, 파크골프는 지금 복잡하고도 유기적인 가치 사슬을 형성해가고 있다. 여기에 IT와 헬스케어, 관광, 재활 스포츠까지 결합되면서 파크골프는 새로운 부가가치를 창출하는 미래형 산업으로 자리잡고 있다.

3부에서는 이러한 산업 생태계를 네 가지 시선으로 살펴보고자 한다. 먼저 파크골프를 하나의 비즈니스로 정의하고 그 수익 구조와 성장 가능성을 짚어본다. 이어서 스크린 파크골프를 중심으로 한 융합 콘텐츠 시장의 확장을 다루고, 브랜드·용품·커머스를 통해 형성되는 파크골프 마켓의 탄생 과정을 분석한다. 마지막으로, 자격증과 협회, 민간 플랫폼이 얽힌 플랫폼 전쟁의 실체를 탐구한다.

저자는 각 장을 통해 독자들에게 두 가지 질문을 던지고자 한다. 첫째, 우리는 이 거대한 변화 속에서 어떤 기회를 잡을 수 있는가? 둘째, 산업 생태계의 한 축으로 참여하기 위해 지금 무엇을 준비해야 하는가? 파크골프가 만들어가는 산업의 지도를 함께 펼쳐본다.

09.

비즈니스로서의 파크골프

새로운 시장의 문이 열리다

파크골프가 비즈니스로 성장하려면, 우선 그 기반이 되는 환경이 충분히 갖춰져야 한다. 지금의 한국은 그 조건을 거의 완벽하게 준비한 상태다. 고령화, 생활패턴 변화, 여가 소비 방식의 전환, 기존 골프 인구의 이동까지 여러 흐름이 동시에 맞물리고 있다.

한국에 파크골프가 처음 도입되었을 때는 지금처럼 체계적인 산업 기반이 없었다. 부지는 크지 않았고, 잔디 품질이나 코스 설계도 단순했다. 복지시설이나 일부 공원의 유휴 공간에 간단히 코스를 만들어, 채 하나와 공 몇 개로 경기를 즐기는 정도였다. 장비도 다양하지 않았고, 규격이나 품질보다 '함께 모여 즐기는 시간'이 더 중요한 시절이었다.

이처럼 시작은 단순하고 소박했지만, 바로 그 접근성이 파크골프를 빠르게 퍼뜨리는 힘이 됐다. 누구나 장벽 없이 시작할 수 있었고,

그 문화가 지금의 대중적 기반이 되었다.

이후 사회 전반의 변화가 이 종목의 성장을 가속화했다. 한국은 세계에서 가장 빠른 속도로 고령화가 진행되고 있으며, 2025년 전체 인구의 20% 이상이 65세 이상인 초고령사회로 진입했다.

60세 이상 인구가 이미 1,200만 명을 넘어섰고, 50세 이상까지 합치면 2,000만 명에 달한다. 이 거대한 세대는 시간과 경제력을 갖춘 '액티브 시니어'로, 활동적인 취미와 사회적 교류를 동시에 충족시켜 줄 스포츠를 찾는다. 파크골프는 이 조건을 완벽히 맞춘다.

여기에 입문 장벽의 차이가 시장 이동을 가속화한다. 전통 골프는 장비·레슨·그린피에 많은 비용이 들고, 꾸준한 연습 없이는 경기력을 유지하기 어려운 종목이다. 그 결과, 시간과 체력, 경제적 여유를 모두 갖춘 소수만이 안정적으로 즐길 수 있다. 시대가 점점 '짧고 가볍게, 그러나 재미있게'라는 방향을 요구하는 지금, 골프는 그 흐름에서 조금씩 멀어지고 있다.

반면 파크골프는 입문이 쉽다. 채 하나와 공만 있으면 바로 필드에 나설 수 있고, 규칙도 간단해 첫날부터 18홀을 완주할 수 있다. 그렇다고 실전이 단순한 것은 아니다. 코스마다 난이도가 다르고, 하나의 클럽으로 티샷부터 퍼팅까지 모든 샷을 컨트롤해야 한다. 이 '쉽게 시작하지만 깊이 있는' 구조는 대중성을 확보하면서도 몰입을 유도하는 중요한 장점이다.

매년 증가하는 동호인 수, 프로선수 배출까지

비즈니스는 사람이 많아져야 가능하다. 파크골프는 이미 그 조건을 충족하기 시작했다. 2025년 6월 30일 기준, 대한파크골프협회에 등록된 회원은 209,350명이며, 비회원까지 포함하면 약 50만 명으로 추정된다. 즉, 전국적으로 60만 명 안팎의 사람들이 이 스포츠를 즐기고 있는 셈이다. 이 수치는 매년 빠르게 증가하고 있으며, 동호인 수가 늘수록 장비·용품·교육·대회·관광 등 모든 분야에서 새로운 사업 기회가 파생되고 있다.

앞으로 프로 파크골프가 본격적으로 출범하면, 스타 플레이어가 탄생하고 팬덤이 형성될 것이다. 인기 선수의 경기를 보기 위해 대회장을 찾는 관중, 방송과 SNS를 통해 활약을 팔로우하는 팬, 선수의 사인볼과 클럽을 구매하는 소비자들이 등장한다. 이런 변화는 단순한 생활체육의 범위를 넘어, 스포츠 마케팅·광고·방송권·굿즈 판매까지 아우르는 완전한 산업 생태계로 이어진다.

결국 지금의 파크골프는 '대중성'과 '경쟁성'을 동시에 확보한 드문 종목이다. 단순하고 소박했던 초창기 환경에서 출발해, 새로운 동호인 유입, 기존 골프 인구의 흡수, 초고령사회라는 거대한 인구 흐름, 그리고 프로 무대의 등장이라는 네 가지 요소가 동시에 작용하고 있다. 이 네 가지가 만나면, 파크골프는 생활체육에서 산업으로, 취미에서 경제적 가치 창출로, 지역 커뮤니티에서 글로벌 시장으로 확장하게 된다.

  지금은 과거의 단순함과 현재의 가능성이 공존하는 시점이다. 환경은 이미 완벽하게 갖춰졌다. 이제는 이 흐름을 산업 생태계로 연결할 실행력이 필요한 순간이다.

10.
스크린 파크골프와 융합 콘텐츠

언제 어디서나 즐기는 파크골프

파크골프의 성장 속도는 빠르지만, 필드라는 물리적 공간과 날씨, 계절이라는 한계가 존재한다. 이런 한계를 극복하는 해법으로 등장한 것이 '스크린 파크골프'다. 스크린 골프가 한국 골프 산업을 대중화했듯, 스크린 파크골프는 파크골프의 저변 확대를 가속하는 또 하나의 엔진이 되고 있다.

도입 초기에는 반응이 냉담했다. 필드 파크골프장은 무료이거나 5,000원만 내면 하루종일 즐길 수 있었기에, "누가 굳이 돈을 내고 스크린에서 치겠나"라는 인식이 강했다. 필드를 찾는 많은 사람들은 걷기와 야외 운동을 겸하는 경우가 많았고, 실내에서 화면을 보며 치는 파크골프는 생소하고 매력적으로 보이지 않았다.

그러나 파크골프 인기가 전국적으로 확산되면서 상황은 달라졌다. 단순히 걷고 치는 수준을 넘어 '제대로 배우고 싶다'는 수요가 급격히 늘었고, 특히 여성층과 신규 입문자들이 체계적인 연습 공간을 찾기 시작했다.

필드에서는 날씨나 시간 제약이 잦고, 초보자가 충분히 반복 연습을 하기 어렵다. 이때 안정적 환경에서 자세 교정과 데이터 기반 피드백을 받을 수 있는 스크린 파크골프가 주목받기 시작했다.

이 변화 속에서 흥미로운 문화가 생겼다. 30~40명 규모의 동호인 클럽이 스크린 파크골프장을 단체로 예약해 즐기는 모습이 흔해졌다. 필드 라운드와는 다른 쾌적함, 날씨 영향 없는 안정된 환경, 그리고 경기 후 바로 이어지는 친목 모임은 스크린 파크골프만의 장점으로 자리 잡았다. 이처럼 스크린 파크골프는 단순한 훈련 도구를 넘어, 동호인들의 '두 번째 놀이터'로 기능하고 있다.

복지관, 시니어센터의 건강 관리 프로그램과 연결

10년 후를 내다보면 스크린 파크골프의 산업적 가치는 훨씬 커질 가능성이 높다. 정부와 지자체는 고령화 사회에서 시니어의 건강·여가·사회적 교류를 지원하는 정책을 확대할 수밖에 없다. 스크린 파크골프는 비교적 적은 공간과 비용으로 설치 가능하며, 고령자 맞춤형 운동과 커뮤니티 공간을 동시에 제공할 수 있다. 복지관, 시니어센터, 재활센터, 지역 커뮤니티 시설에서 스크린 파크골프를 활용하

서울 구로 스크린 파크골프장.

면, 단순한 여가를 넘어 건강관리와 사회참여의 중요한 수단이 된다.

민간기업 역시 시니어 시장을 주목할 것이다. 보험사·헬스케어 기업은 건강관리 프로그램과 결합하고, 식음료·의류 브랜드는 고령층 스포츠 마케팅 채널로 활용할 수 있다. 스크린 환경에서 수집되는 경기 데이터는 맞춤형 장비 추천, 건강 분석, 운동 프로그램 설계 등 새로운 부가가치를 만든다.

작은 규모, 적은 비용으로 가능한 차세대 스포츠 콘텐츠

또한 골프 산업 전반의 구조 변화도 스크린 파크골프에 기회를 준다. 대형 평수 상가 임대료 상승과 경기 침체로 인해 스크린 골프장의 수요는 점차 감소하고 있다. 대신 더 작은 평수, 더 낮은 초기 투자 비용, 더 다양한 연령층을 수용할 수 있는 종목이 대체 수요를 흡수하게 된다. 스크린 파크골프는 바로 그 조건에 맞아떨어진다. 특히 설치 면적이 스크린 골프보다 작고, 가족·친구·동호인 단위로 이용이 가능하므로 상권 적응력이 높다.

결국 스크린 파크골프는 필드의 대체재가 아니라, 필드와 함께 성장하는 동반자이자, 변화하는 상권과 여가 패턴에 가장 유연하게 적응하는 차세대 스포츠 콘텐츠다. 필드가 대중성을 확장시키면 스크린이 교육과 훈련, 그리고 새로운 사회적 공간을 제공한다. 이 두 축이 맞물릴 때, 파크골프 산업은 계절과 날씨, 공간 제약을 뛰어넘는 365일 시장으로 도약하게 된다.

11.
브랜드, 용품, 커머스
―파크골프 마켓의 탄생

취미에서 소비, 소비에서 산업으로

파크골프가 생활체육에서 산업으로 도약하려면 경기장과 인프라뿐 아니라 소비를 이끄는 브랜드와 시장이 필요하다. 초창기 파크골프 장비 시장은 선택지가 매우 제한적이었다. 기능보다 가격과 기본 성능이 구매의 핵심 기준이었고, 디자인이나 브랜드 이미지에 대한 관심은 낮았다. 그러나 동호인 수가 폭발적으로 늘면서 시장은 빠르게 변했다.

이제 파크골프는 단순히 '볼을 치는 도구'를 고르는 것이 아니라, 나의 정체성을 표현하는 장비와 스타일을 선택하는 시대로 들어섰다. 브랜드가 주는 신뢰와 이미지, 용품이 제공하는 성능과 개성, 커머스가 주는 구매 경험과 접근성이 결합해 소비 전체가 하나의 상품이 되는 구조가 형성되고 있다.

브랜드, 신뢰와 정체성을 만드는 힘

스포츠에서 브랜드는 단순히 제품을 만드는 이름이 아니다. 사용자의 신뢰와 자부심을 형성하는 상징이다. 파크골프 장비 시장은 오랫동안 일본 브랜드가 고급 이미지를 주도했다. 장인의 마감 기술, 안정된 성능, 세밀한 완성도로 시장을 선도해 왔다. 하지만 최근 국내 브랜드도 고급 시장 진입 속도를 높이고 있다.

국내 제조사들은 경량 고강도 카본 샤프트, 다양하고 최적화된 소재로 설계된 헤드, 인체공학적 그립 등 기술력을 꾸준히 향상시키고 있다. 샤프트의 탄성도, 무게 중심, 그립 직경을 세분화해 연령·성별·스윙 스타일별로 맞춤형 라인업을 선보인다.

예를 들어, 시니어를 위해 손목 부담을 줄이는 탄성 조절 기술을 적용한 모델이나, 장타를 원하는 골퍼를 위해 반발 특성을 강화한 모델이 출시되고 있다.

브랜드는 단순히 장비를 파는 것이 아니라 사용자와의 감정적 연결을 만든다. 스타 플레이어와의 협업, 지역사회와 함께하는 대회 개최, 친환경 소재 사용, 브랜드 역사와 철학을 담은 스토리텔링은 충성 고객을 만든다. 예를 들어, 여성 전용 라인을 출시하고 여성 동호회와 연계한 기념 대회를 운영하면 단순한 제품 판매를 넘어 브랜드 커뮤니티를 형성할 수 있다.

용품 시장, 기능성과 개성의 결합

파크골프 용품은 클럽, 볼, 티, 장갑, 의류, 모자, 가방, 신발 등 다양하다. 과거에는 기능과 규격이 단순해 큰 차별성이 없었지만, 최근 여성·청년층의 유입이 늘면서 시장은 기능성과 개성을 동시에 추구하는 단계로 발전하고 있다.

클럽 디자인은 컬러와 소재가 다양해졌고, 여성 전용 경량 모델, 손이 작은 사용자를 위한 얇은 그립, 장시간 라운드에도 편안함을 주는 소프트 터치 소재가 도입됐다. 볼 시장은 기능별로 세분화되어 비거리형, 스핀형, 내구성 강화형 등 다양한 제품이 출시되고 있다. 표면 패턴과 색상을 차별화해 시인성과 심미성을 동시에 높였으며, 시즌별 컬러볼과 대회 기념 볼은 소장 가치를 높여 '수집 문화'까지 형성되고 있다.

의류 시장도 변화를 맞고 있다. 예전에는 기능성 위주의 단조로운 디자인이 주를 이뤘지만, 최근에는 골프웨어 수준의 스타일과 패션성을 갖춘 전용 의류가 등장했다. UV 차단, 통풍, 경량 소재 같은 기능은 기본이고, 코스 밖에서도 착용할 수 있는 디자인이 인기를 끌고 있다. 가방·모자·장갑·신발 같은 액세서리도 브랜드의 개성과 철학을 전달하는 중요한 상품군으로 성장했다.

커머스, 오프라인에서 온라인 그리고 체험형으로

과거 용품 구매는 경기장 부대시설, 동호인 모임, 소규모 전문 매장을 통한 오프라인 중심이었다. 그러나 최근 온라인 커머스가 급격히 성장하면서 시장 구조가 변하고 있다. 유튜브·SNS를 통한 장비 리뷰, 사용법 영상, 비교 콘텐츠가 소비자의 구매 결정을 빠르게 이끌어내고 있다.

앞으로는 체험형 커머스가 시장을 주도할 가능성이 높다. 스크린 파크골프장에서 사용해 본 클럽을 바로 주문하거나, 필드 라운드 중 QR코드를 스캔해 동일 모델을 구매하는 방식이 대표적이다.

또한 스윙 데이터 분석을 기반으로 개인 맞춤형 장비를 추천하는 서비스가 보편화될 것이다. 사용자의 스윙 속도, 임팩트 위치, 탄도를 측정해 최적의 샤프트 강도와 헤드 스펙을 제안하고, 결제까지 연결하는 방식이다.

브랜드는 '옴니채널' 전략을 통해 온라인과 오프라인을 연결해야 한다. 공식몰, 오픈마켓, 소셜 커머스, 그리고 경기장·스크린 매장까지 단일 재고로 관리해 어디서나 동일한 제품과 가격, 서비스를 제공하는 환경이 필요하다.

프로와 팬덤—시장 확장의 촉매

프로 무대의 등장은 단순한 경기력 향상을 넘어 종목 전체의 산업화를 가속한다. 랭킹, 기록, 라이벌 구도가 형성되면 종목은 단순한 취미가 아니라 관심과 이야기를 소비하는 스포츠로 변한다.

프로가 출범하면 선수 사용 모델, 대회 코스 인증 장비, 한정판 라인이 등장한다. 이는 기능뿐 아니라 상징 가치를 부여해 가격과 시장 구조를 재편한다. 소비자는 단순히 '성능'을 사는 것이 아니라, '이야기와 상징'을 함께 구매하게 된다.

스타 선수는 곧 브랜드를 탄생시키는 창구다. 선수 피드백을 반영한 시그니처 모델, 시즌·대회 테마 한정판, 교육 패키지 번들, 대회 주간 현장-온라인 동시 론칭 같은 전략이 가능하다. 팬덤은 이러한 제품을 적극 구매하며 브랜드 충성도를 높인다.

커뮤니티 활동은 팬덤을 유지시키는 핵심 장치다. 선수 팬클럽 라운드, 팬 감사 대회, 온라인 멤버십, 선수 참여 클리닉은 팬을 단순한 관람객이 아닌 일상적인 소비자로 전환시킨다. 이 과정에서 브랜드는 단순한 장비 판매 기업이 아니라 팬의 일상과 감정을 공유하는 존재로 자리잡는다.

브랜드와 시장을 선점할 최적의 시기

　브랜드가 신뢰를 만들고, 용품이 소비를 촉발하며, 커머스가 경험과 유통을 확장한다. 여기에 프로와 팬덤이 결합하면 파크골프 산업은 경기장 중심에서 벗어나 생활과 문화 속 소비 생태계로 완성된다.
　향후 5~10년은 파크골프 마켓의 본격 태동기다. 이 시기에 누가 품질 표준을 만들고, 소비자 마음을 사로잡는 브랜드 스토리를 구축하느냐가 시장의 승자를 결정한다. 23년의 현장 경험으로 단언컨대, 지금이 바로 브랜드를 세우고 시장을 선점할 최적의 시기다. 시장은 이미 성장 궤도에 올랐고, 소비자는 더 나은 장비와 스타일을 원하고 있다. 이 흐름을 먼저 잡는 자가 미래의 파크골프 산업을 주도하게 될 것이다.

12.
미래를 만드는 플랫폼
—자격증, 협회, 민간 생태계

파크골프 산업의 미래는 규칙과 표준을 누가 장악하느냐에 달려 있다. 여기서 말하는 플랫폼은 단순한 앱이나 온라인 서비스가 아니라 규칙, 자격증, 회원, 데이터, 대회, 그리고 이를 둘러싼 산업 생태계를 모두 포함하는 거대한 구조다. 지금 대한민국 파크골프는 생활체육의 절대 기반을 가진 (사)대한파크골프협회와 프로 무대를 중심으로 산업을 확장하는 프로파크골프협회가 서로 다른 영역을 지키면서도, 때로는 경쟁하고 때로는 협력하는 특이한 구도를 만들어가고 있다.

생활체육에서 프로리그까지 통합형 생태계로 확장

대한파크골프협회는 전국 시·군·구 단위까지 뻗어 있는 조직망과 생활체육 중심의 대회 운영, 지도자와 심판 양성 시스템을 통해 고령층과 생활체육 기반을 탄탄하게 다져왔다. 정부와 지자체의 지원을 안정적으로 받을 수 있는 제도권 스포츠의 특성을 갖고 있으며, 파크골프 저변 확대에 있어서는 독보적인 영향력을 발휘하고 있다.

반면, 프로파크골프협회는 프로선수 등록과 테스트, 프로리그 운영을 통해 산업과 미디어, 스폰서 시장을 키우는 데 집중한다. 필드와 스크린을 결합한 하이브리드 대회를 운영하고, 젊은 세대와 기업 스폰서를 산업으로 끌어들이는 채널을 확보하면서 파크골프를 새로운 경제 생태계로 확장시키고 있다.

이 두 협회가 각자의 장점을 살려 상생 모델을 만든다면, 생활체육에서 준프로, 그리고 프로로 이어지는 일관된 선수 경로를 설계할 수 있다. 지도자, 심판, 운영자 등 전문 인력을 양성하는 자격증 체계를 공동으로 인증하고, 회원 데이터베이스를 공유해 생활체육 기록과 프로 경기 성적을 하나의 플랫폼에서 확인할 수 있도록 한다면, 대회와 훈련, 장비 커머스, 여행 패키지까지 연동된 통합형 생태계가 만들어진다.

골프의 경우, 대한골프협회(KGA)가 아마추어와 생활체육 골프를 관리하고, KPGA·KLPGA가 각각 남녀 프로 투어를 운영한다. 이 구조가 안정적인 이유는 생활체육과 프로가 완전히 단절되지 않고, 선수들이 아마추어 시절 대한골프협회의 규정을 거쳐 프로 무대로 진출하며, 규칙과 경기 운영 방식이 동일하게 유지되기 때문이다. 덕분에 산업 전반에서 장비·레슨·대회·미디어가 하나의 생태계 안에서 유기적으로 움직인다.

태권도는 국기원이 기술 표준과 승단 심사를 관리하고, 대한태권도협회와 세계태권도연맹(WT)이 국내외 대회를 운영한다. 여기서 중요한 점은 국기원이 모든 단증을 발급하는 '표준 인증 기관' 역할을 한다는 것이다. 덕분에 전 세계 태권도 도장이 같은 교육 커리큘럼과 규칙을 적용하고, 선수·지도자·심판이 동일한 기준 아래 활동한다. 이처럼 표준화된 자격과 규칙은 종목의 정체성을 유지하며 글로벌 시장에서도 신뢰를 확보하게 만든다.

야구는 대한야구소프트볼협회가 아마추어와 국가대표를, KBO가 프로리그를 맡는 이원화 구조지만, 선수 수급과 대표팀 운영에서는 협력한다. KBO 프로 무대에서 활약하는 선수들이 은퇴 후 아마추어 지도자로 활동하는 사례가 많고, 아마추어 유망주들이 프로 지명을 받는 구조가 정착되어 있다. 이처럼 생활체육과 프로리그 간의 '인재 순환 구조'가 구축되면, 종목의 지속성과 산업 규모가 안정적으로 유지된다.

당구는 최근 프로화 움직임이 가장 빠른 종목 중 하나다. 대한당구연맹이 아마추어와 생활체육을 관리하는 한편, PBA(Professional Billiards Association)가 프로리그와 스타 플레이어 마케팅을 맡고 있다. 초창기에는 두 조직이 갈등했지만, 점차 대회 일정 조율과 선수 이동 규정에서 협력 구조를 찾고 있다. 당구의 사례는 스타 선수의 등장이 종목 인지도와 장비·시설·레슨 시장까지 빠르게 키우는 '팬덤 효과'를 잘 보여준다.

생활체육 기반과 프로 시장 연결로 글로벌화

민간 플랫폼의 역할도 무시할 수 없다. 속도와 서비스 혁신은 민간이 가장 잘하는 영역이다. 스크린 파크골프, 모바일 앱, 온라인 강의, AI 코칭, 장비 커머스, 여행 패키지, 스폰서 매칭, 데이터 기반 경기력 분석과 건강관리 서비스 등은 민간이 빠르게 시장에 공급할 수 있다. 특히 생활체육 참가자가 프로 시장으로 자연스럽게 진입하도록 설계하는 것은 민간이 주도할 수 있는 결정적 기회다. 이 과정에서 협회들도 민간 플랫폼과의 제휴를 피할 수 없게 된다.

결국 플랫폼 전쟁의 본질은 회원 수 싸움이 아니다. 규칙과 표준, 데이터와 신뢰, 연결망과 팬덤을 누가 장악하느냐의 문제다. 자격증은 전문가 시장의 문이고, 협회는 제도권 시장의 문이며, 민간 플랫폼은 대중 시장의 문이다. 이 세 개의 문을 하나의 통로로 만들 수 있

전라남도파크골프협회 주관 1급지도자 자격검정 시험(2025년).

는 주체가 곧 시장의 게이트키퍼가 된다.

생활체육 기반과 프로 시장이 긴밀히 연결되면 산업 확장과 글로벌 진출은 시간문제지만, 각자가 따로 문을 지키면 중복 비용과 절차로 인해 이용자와 기업이 이탈할 가능성이 커진다.

하나의 플랫폼, 하나의 표준으로

대한민국 파크골프는 지금, 선택의 순간에 서 있다. 역사는 늘 표준을 만든 자와 플랫폼을 지배한 자의 손을 들어주었다. 골프에서 KGA와 KPGA, 태권도에서 국기원과 WT, 야구에서 KBO와 아마추어 협회, 당구에서 PBA와 연맹이 보여준 것처럼, 생활체육과 프로, 민간과 제도권이 한 방향으로 움직일 때 종목은 산업이 된다.

그리고 산업이 되면, 스타가 탄생하고 팬덤이 만들어지며, 그 팬덤은 곧 장비·시설·교육·여행·미디어로 이어지는 거대한 소비 생태계를 형성한다.

반대로, 플랫폼이 분리되고 표준이 제각각이면 성장의 속도는 곧 한계에 부딪힌다. 이용자는 혼란을 느끼고, 기업은 투자를 주저하며, 성장의 기회는 다른 종목과 글로벌 시장에 빼앗긴다.

파크골프는 이미 그 잠재력을 입증했다. 410개 이상의 필드, 50만 명의 동호인, 폭발적으로 늘어나는 장비 시장, 그리고 젊은 세대까지 흡수하는 콘텐츠 확장성. 지금이 바로 하나의 플랫폼, 하나의 표준,

하나의 시장을 만드는 골든 타임이다.

  이 기회를 붙잡는 쪽이 앞으로 10년, 아니 그 이후 30년의 파크골프를 선도할 것이다. 선택은 느린 합의가 아니라, 신속한 전략과 결단의 문제다. 규칙을 가진 자가 시장을 지배한다. 그리고 지금, 그 자리를 차지할 수 있는 마지막 레이스가 시작됐다.

13.
파크골프 관광산업

 파크골프는 단순한 여가를 넘어 지역을 살리고 사람을 연결하는 새로운 관광산업으로 부상하고 있다. 고령화, 인구 소멸, 지역소득 감소 등 한국 사회가 직면한 구조적 문제 속에서, 파크골프는 체류형 관광, 시니어 커뮤니티, 귀촌 유도 등 다양한 정책과 맞물려 지역 순환경제의 핵심 축으로 자리잡고 있다.

 정부도 유휴농지 활용, 생활체육 관광, 고령자 건강증진 등의 정책을 통해 파크골프와의 접점을 넓히고 있으며, 일본·태국 등 해외로의 진출과 재외동포 커뮤니티 확산은 글로벌 관광산업으로의 발전 가능성까지 보여주고 있다. 이러한 흐름 속에서 파크골프 관광산업이 갖는 전략적 의미와 확장 가능성을 조명한다.

1. 왜 지금, 우리는 스포츠관광인가?

"관광은 굴뚝 없는 고부가가치 산업이며, 인구가 줄어드는 시대의 대안 경제다."

이 말은 문화체육관광부가 '지역스포츠관광 활성화 기본계획'을 발표하며 강조한 내용이다. 실제로 관광은 제조업이나 대형 인프라 없이도 사람의 이동과 체류만으로 일자리와 소비를 창출하는 고효율 산업으로 분류된다. 숙박, 음식, 교통, 쇼핑, 문화서비스 등 연관 산업의 파급효과가 커, 1명의 관광객이 지역에 남기는 직접 소비는 1박 2일 기준 평균 15~25만 원에 이른다.

지금 정부와 지방자치단체가 관광을 미래전략산업으로 삼는 이유는 명확하다. 첫째, 인구가 줄고 있는 시대이기 때문이다. 대한민국은 2020년부터 본격적인 인구 감소 국면에 들어섰고, 2025년이면 생산가능인구(15~64세) 비중도 급감한다. 이로 인해 전국 228개 시군구 중 120곳 이상이 '소멸 위험지역'으로 분류되고 있다. 지방에는 사람이 없고, 일자리는 줄며, 지역경제는 침체되고 있다.

둘째, 지방세수 기반이 무너지고 있기 때문이다. 지방은 기존의 농업, 제조업만으로 재정 자립이 어려워졌고, 관광객 유입을 통한 세외수입 창출과 지역 상권 활성화가 절실해졌다. 그래서 정부는 지자체별 특화된 관광 자원을 발굴하고, 이를 지역 브랜드화 + 체류형 콘텐츠화 하도록 유도하고 있다. 그 중심에 '스포츠관광'이 있다.

셋째, 복지와 관광이 융합되는 시대이기 때문이다. 단순히 여행만을 위한 관광은 머물지 않는다. 건강을 위한 '걷기', '등산', '자전거', '파크골프' 등의 생활형 스포츠와 연계된 관광은 노년층, 중장년층의 참여율이 높고, 재방문 가능성이 크다. 문화체육관광부는 2024년부터 전국 17개 시·도에 스포츠복합 거점 도시 육성사업, 지역특화 스포츠기반 조성사업 등을 확대하며, 체육과 관광을 융합한 산업 생태계를 만들고 있다.

이처럼 정부와 지자체가 스포츠관광에 주목하는 이유는 단순한 행정사업이 아니라, 지방이 살아남기 위한 생존 전략이자, 저출생 고령사회에서 지속 가능한 경제모델을 만들기 위한 근본적 선택이다.

그렇다면 이 흐름 속에서 왜 '파크골프'가 주목받는가? 파크골프는 지역 내에서 설치가 용이하며, 유휴지 활용이 가능하고, 장비 부담이 적고, 무엇보다도 고령층이 매일 반복적으로 찾는 종목이다. 단기 관광객을 넘어 '장기 체류형 고정고객'을 유도할 수 있는 구조를 가지고 있다.

다시 말해, 파크골프는 단순한 여가를 넘어 "지역에 사람을 불러들이고, 머물게 하고, 소비하게 만드는 관광형 스포츠"다. 그래서 지금 우리는 파크골프를 중심으로 한 스포츠관광에 주목해야 한다.

2. 파크골프는 왜 관광산업의 으뜸 콘텐츠인가?

2007년, 필자는 한국에 파크골프가 막 알려지기 시작하던 시기에 전국의 초창기 동호인 10여 명과 함께 일본 홋카이도(북해도)를 찾았다. 그곳은 파크골프의 발상지이자 지금도 전 세계 파크골프 문화의 중심지다. 푸른 초지 위에서 어르신들이 자유롭게 경기를 즐기고, 지역과 커뮤니티가 함께 살아 움직이는 그 풍경은 단순한 스포츠의 장면이 아니었다. 그것은 곧 사람을 행복하게 만들고, 지역을 살리는 '여행형 스포츠'의 가능성이었다.

그 이후 필자는 "파크골프장이 있는 곳이라면 어디든 간다"라는 철학으로 일본 최북단 홋카이도에서부터 최남단 오키나와, 국내에서는 호남, 영남, 제주도, 그리고 해외 태국 치앙마이와 파타야 등 동남아시아 지역까지 국내외를 넘나드는 파크골프 관광을 수백 차례 기획하고, 직접 함께 다니며 이 콘텐츠가 가진 엄청난 힘을 체감하게 되었다.

경기를 마친 뒤 현지 식당에서 함께 식사하며 웃고, 인근 관광지를 돌아보며 추억을 쌓는 그 경험은 단순한 스포츠가 아니었다. 그것은 삶의 감각을 되살리고, 건강과 관계를 회복하게 하는 삶의 여행이었다.

최인철 서울대 심리학과 교수는 '행복의 조건'에 대해 강의하면서 이렇게 말했다. "행복의 으뜸은 여행이다." 이 말은 시니어 파크골퍼들의 표정을 보면 그대로 이해가 된다. 경기를 마치고 "다음에도 또 올게요"라고 웃으며 손을 흔드는 모습, 집에 돌아가 친구들에게 "이번엔 진짜 좋았다"며 자랑하는 모습, 그리고 다음 여행을 기다리며 운동을 다시 시작하는 그들의 일상 속에, 파크골프 여행은 분명히 행복과 삶의 만족으로 이어지고 있었다.

이러한 이유로 파크골프는 단순한 체육 활동이 아닌 '지속 가능한 생활형 관광 콘텐츠'로 자리잡고 있으며, 특히 반복성, 접근성, 연령친화성, 자연친화성이라는 관광의 핵심 조건을 고루 갖춘 관광산업의 으뜸 종목으로 주목받고 있다.

첫째, 파크골프는 반복 참여를 유도한다. 일반 관광은 '한 번 가보고 끝'나는 경우가 많지만, 파크골프는 '경기'라는 명확한 목적이 있고, 성취와 커뮤니티를 동반하기에 정기적 방문과 재방문이 자연스럽다. 실제로 많은 고령층은 매주, 매달 특정 지역의 파크골프장을 찾으며 장기 체류형 관광객으로 자리잡는다. 이는 지역 내 숙박, 음식, 교통, 쇼핑 소비로 이어진다.

둘째, 진입장벽이 낮아 누구나 쉽게 참여할 수 있다. 파크골프는 장비가 단순하고 비용 부담이 적다. 공과 채만 있으면 가능하다. 특히 고령자, 여성, 초보자, 어린이 모두가 함께 할 수 있어 가족 단위 여행, 실버 커뮤니티 관광에도 최적이다.

셋째, 자연 친화적이다. 대부분의 파크골프장은 숲, 강변, 유휴 녹지 등 자연환경 속에 조성된다. 이는 '운동'이 '자연 속 휴양'으로 연결되는 구조를 만들며, 건강, 힐링, 관광이 융합된 복합체험형 콘텐츠가 된다.

넷째, 시설 조성이 용이하고 지역 맞춤형 개발이 가능하다. 기존 농지, 폐교, 하천변, 산림 유휴지, 군부대 유휴지를 활용해 저예산으로 고효율 관광자원화가 가능하다. 지자체 입장에서도 소규모 투자로 관광 인프라를 확충할 수 있다는 점에서 매력적인 개발 대상이다.

다섯째, 사람을 연결하는 커뮤니티가 형성된다. 파크골프는 단순한 운동이 아닌 '관계의 장'이다. 경기 후 함께 식사하고, 주변 관광지를 둘러보며 사회적 네트워크와 지역주민과의 상생 구조가 만들어진다.

이처럼 파크골프는 단발성 방문에 그치는 여느 관광과는 다르게, 반복성, 체류성, 관계성, 친환경성을 모두 충족시키는 융복합 관광 콘텐츠다. 고령화, 인구소멸, 지역 경제 위기를 동시에 해결할 수 있는 현실적인 대안이며, 관광과 복지, 건강과 경제, 관계와 삶을 연결하는 시대적 해답이다.

결론적으로, 파크골프는 지금 대한민국이 직면한 복합 과제를 풀 수 있는 가장 강력한 스포츠관광 솔루션이다. 그리고 그 출발점은 바로, 한 번의 여행에서 시작된다.

3. 정부 정책과 파크골프 관광의 접점

정부는 스포츠와 관광을 결합한 고부가가치 산업을 본격적으로 육성하고 있다. 이를 주도하고 있는 문화체육관광부는 스포츠관광을 단순한 레저가 아니라, 국민의 건강 증진과 지역경제 회복, 지역균형발전, 삶의 질 향상을 위한 국가 전략 산업으로 인식하고 있다.

2024년, 문체부는 대한체육회, 한국관광공사, 전국 광역지자체 및 지역관광재단과 함께 민관 협력 체계를 구축하고, 스포츠관광을 전국 단위로 체계화하고 확산하기 위한 업무협약을 체결했다. 문체부는 스포츠관광을 "국민 건강, 지역경제, 일자리, 관광, 문화가 융합된 통합형 콘텐츠"로 규정하며, 이를 통해 지속 가능한 지역경제 생태계를 조성하고자 한다.

이러한 정책 흐름 속에서 파크골프는 스포츠관광 정책이 추구하는 핵심 가치에 부합하는 대표 콘텐츠로 주목받고 있다.

첫째, 파크골프는 고령자 중심의 생활형 스포츠로서 반복적인 방문과 장기 체류를 유도하는 구조를 가지고 있다. 많은 동호인들이 주기적으로 특정 지역의 파크골프장을 찾으며, 숙박과 식사, 쇼핑 등 다양한 소비를 통해 지역경제에 실질적인 기여를 하고 있다. 이는 문체부가 강조하는 체류형 관광객 기반의 순환 경제 모델과 정확히 맞닿아 있다.

둘째, 파크골프는 문체부가 추진 중인 '지역특화 스포츠관광 프로그램 발굴·지원 사업'과도 깊은 연관성이 있다. 이 사업은 지역의 유휴 자원과 특색 있는 스포츠를 결합하여 관광 콘텐츠로 개발하는 것을 목표로 하고 있는데, 파크골프는 하천변, 산지, 유휴 농지 등을 활용해 저비용으로 조성할 수 있고, 시니어·가족 단위 관광객에게 적합한 체험형 콘텐츠로 확장할 수 있는 장점을 가진다.

셋째, 파크골프는 고령사회에 대응하는 체육복지와 관광복지를 동시에 실현할 수 있는 융합형 모델이다. 문체부는 고령자 친화형 체육시설 확충과 스포츠 참여 확대를 통해 치매 예방, 건강 증진, 사회적 고립 해소 등 복지 기능을 강화하고자 한다. 파크골프는 운동 효과는 물론, 동호회 활동과 커뮤니티 중심의 정서적 안정에도 긍정적인 영향을 주어 지역 건강복지 정책과도 유기적으로 연결될 수 있다.

무엇보다 파크골프의 정책적 의미는 인구소멸 위기에 처한 지역에서의 전략적 가치에 있다. 현재 대한민국의 많은 농촌과 소도시들은 고령화와 청년 인구 유출로 인해 소멸 위험에 놓여 있다. 이러한 지역에서는 단순한 체육시설이 아닌, 복지와 관광을 아우르는 실질적인 생존 기반이 절실하다.

파크골프는 그 해답이 될 수 있다.

한편, 파크골프는 지역 특성과 정책 목적에 따라 복지형 파크골프와 스포츠 관광형 파크골프로 구분해 접근할 수 있다.

복지형 파크골프는 지역 내 고령자의 건강과 삶의 질을 지키는 공공 체육 인프라다. 읍면 단위의 생활권에 가까운 유휴부지를 활용하여 조성하며, 고령층의 규칙적인 운동, 사회적 관계 회복, 정신적 안정 등 다양한 복지적 효과를 창출한다. 또한 시설 관리, 안내, 교육 등의 분야에서 노인 일자리와 연계할 수 있다는 점에서도 매우 효과적인 지역 복지 모델이다.

반면 스포츠 관광형 파크골프는 외부 관광객과 동호인을 유입시켜 지역경제를 직접 활성화하는 체류형 관광 모델이다. 보다 규모 있고 매력적인 코스와 주변 관광 자원을 결합하고, 정기 대회나 동호회 투어 프로그램을 운영하여 숙박, 식음료, 쇼핑 등의 소비가 이루어지는 고부가가치 지역 소비 구조를 만들어낸다.

복지형 파크골프가 지역 안의 사람들을 지키는 시스템이라면, 스포츠 관광형 파크골프는 외부의 사람과 돈을 끌어들이는 성장 엔진이다. 두 모델은 대립적인 것이 아니라 서로 보완되는 관계로, 함께 구축될 때 비로소 인구소멸 위기를 돌파할 수 있는 지속 가능한 생태계가 형성된다.

이처럼 파크골프는 체육, 복지, 관광, 경제, 인구 정책이 만나는 교차점에 있다. 국가가 스포츠관광을 전략산업으로 육성하는 지금, 파크골프는 그 안에서 가장 현실적이고 지속 가능한 콘텐츠로 성장할 수 있는 준비가 되어 있다.

4. 국내 주요 파크골프 관광지와 지역 성공 사례

(1) 강원 화천군의 파크골프 전략 조성과 지역경제 활성화

강원도 화천군은 인구 약 2만 명 규모의 접경지역 소도시로, 군사시설 외에는 뚜렷한 산업 기반이 없고, 고령화율이 전국 상위권에 해당하는 지역이다. 이러한 조건 속에서 화천군은 오랫동안 겨울철 대표 관광 콘텐츠인 '산천어 축제'에 지역 경제의 상당 부분을 의존해왔다. 산천어 축제는 세계적으로도 손꼽히는 겨울 축제로, 한때 연간 150만 명 이상이 방문하며 지역에 활력을 불어넣었다.

하지만 축제는 철저히 계절에 제한된 콘텐츠였다. 1월 한 달을 제외한 대부분의 시기는 관광객이 급감하였고, 지역 소상공인과 자영업자는 비수기 생존 문제에 직면하게 되었다. 이에 화천군은 사계절 체류형 관광도시로의 전환이 절실하다고 판단했고, 그 해답으로 파크골프를 선택했다.

파크골프는 노년층의 건강을 위한 복지형 운동일 뿐만 아니라, 전국 동호인의 왕래가 활발한 반복형 스포츠 관광 자원이라는 점에서 지역성과 경제성을 동시에 만족시킬 수 있는 콘텐츠였다. 또한 공공부지 활용이 용이하고 자연을 훼손하지 않으며, 관리비용이 낮고 고

포천 한여울파크골프장 전경.

령자 접근성이 뛰어난 점도 정책적 판단의 근거가 되었다.

화천군은 2018년 하남면 용암리에 첫 18홀 파크골프장을 조성한 것을 시작으로, 2021년과 2022년에는 각각 산천어 파크골프장 제1구장, 제2구장(총 36홀)을 추가 조성하였다. 2023년 이후에는 사내면에도 신규 18홀을 개장하며, 총 72홀 규모의 파크골프 인프라를 갖춘 강원도 대표 지역으로 자리매김하였다. 이와 함께 화천군은 전국 규모의 대회 유치 전략도 병행하였다. 대한파크골프협회 공인 대회를 유치하고, 시니어 리그, 클럽대항전 등 다양한 대회를 정례화함으로써 전국 동호인의 발길을 사계절 내내 이어지게 만들었다.

이로 인해 매 대회마다 수백 명에서 많게는 수천 명에 달하는 외부 사람들이 화천을 방문하게 되었고, 이들은 지역의 숙박시설, 식당, 전통시장, 카페, 편의점 등에 직접적인 소비를 남기며 지역경제에 실질적인 기여를 하게 되었다. 특히 파크골프 대회를 산천어 축제 전후로 분산 배치하거나, '산천어 축제+파크골프 체험' 형태의 소규모 여행 패키지를 개발함으로써 겨울축제 의존형 관광 구조에서 사계절 분산형 체류 관광 구조로 전환할 수 있는 기반을 마련했다. 즉, 산천어 축제가 '한철 장사'였다면, 파크골프는 '365일 순환소득'을 만드는 구조였던 것이다.

결과적으로, 화천군은 파크골프를 통해 다음과 같은 지역 정책 목표를 실현할 수 있었다:

- 겨울철 집중 관광 수요의 분산과 계절 불균형 해소
- 고령자 복지와 지역 커뮤니티 강화를 위한 생활체육 기반 구축
- 외부 관광객 유입을 통한 지역경제 자립력 제고
- 지역 브랜드 다변화: '산천어의 고장'에서 '파크골프의 중심지'로 확장

화천군의 사례는 파크골프가 단순한 체육시설이 아닌, 관광정책·복지정책·지역경제 정책이 융합된 지방 활성화의 전략 플랫폼으로 기능할 수 있음을 보여주는 대표적 모델이다.

(2) 경기 포천시—수도권 체류형 관광의 확장 전략

경기도 포천시는 수도권 북부에 위치해 있으면서도, 자연 경관과 문화자원이 풍부한 지역이다. 하지만 기존 관광 콘텐츠는 산정호수, 허브아일랜드 등 특정 계절에 편중되어 있었고, 비수기 체류 관광객 유치와 지역경제 순환이 지속적인 과제로 남아 있었다.

이에 포천시는 한탄강을 따라 조성된 홍수터 유휴부지에 36홀 규모의 파크골프장을 조성하는 사업을 본격화했다. 2023년 11월 착공된 이 시설은 70억 원의 사업비를 들여 2025년 9월 완공하였다.

이 파크골프장은 단순한 체육시설이 아니라, 한탄강 주상절리길, 캠핑장, 도보관광코스, 평화문화 관광지 등과 연계된 복합형 관광 거점으로 조성될 예정이며, 수도권에서 1시간 거리라는 접근성을 살

려 중장년층 대상 당일·1박 체류형 관광객 유치에 최적화된 모델로 설계되고 있다. 포천시는 이 사업을 통해 기존 관광지 중심의 단발성 소비 구조를 넘어, 고정적 스포츠 동호인과 가족 단위 재방문객을 유치할 수 있는 체류형 경제 기반을 구축하고자 한다.

(3) 충남 청양군—도립 파크골프장 기반의 균형발전 전략

청양군은 충남 내륙 산간지역으로, 농업 외에 뚜렷한 산업이 없고, 고령화율이 매우 높으며, 청년 인구 유출이 심각한 인구소멸 고위험 지역 중 하나이다. 이에 따라 지역균형발전 전략이 시급한 과제로 떠올랐다.

청양군은 이러한 상황을 타개하기 위해 전국 최초의 산악형 108홀 도립 파크골프장을 추진하고 있다. 남양면 구룡리 일원에 약 30만 평 부지를 확보하였으며, 2027년 완공을 목표로 297억 원 규모의 예산이 투입된다.

청양형 파크골프장은 단순히 골프장만 짓는 것이 아니라, 로컬푸드 마켓, 청년창업센터, 생활체육 복합공간, 실내 재활운동 시설 등을 포함한 복합형 활력타운 조성사업과 연결되어 있다. 특히, 지역 내 어르신들의 건강과 여가생활을 지원하는 복지형 기능과 전국대회 유치와 단체 관광객 유입을 통한 스포츠 관광형 기능을 동시에 설계하고 있는 점에서 청양군은 복지와 경제, 인구정책을 연계한 지방 자립형 파크골프 모델을 선도하고 있다.

(4) 대구시 군위군—전국 최대 규모의 장기 체류형 스포츠관광지

군위군은 경북 북부에서 대구광역시로 행정구역이 편입된 이후, 대구의 새로운 외곽 레저벨트를 구축하기 위한 전략 차원에서 파크골프를 선택했다. 의흥면 이지리 일대에 조성 중인 180홀 규모의 파크골프장은 국내 최대 규모이며, 총면적 32만 1,426㎡에 이르는 대단위 프로젝트다. 2027년 완공을 목표로, 1단계 81홀(2025~26년), 2단계 99홀(2026~27년)로 단계적으로 진행된다. 군위 파크골프장은 초급자, 중급자, 상급자 코스를 나눠 설계함으로써, 단순한 운동장이 아닌 프로형 대회 유치 및 시니어 파크골퍼들의 장기 체류지로 발전시킬 계획이다. 군위군은 또한 파크골프장을 지역 농특산물 판매장, 전통시장, 관광지와 연계하여 관광·농업·서비스업이 연결되는 순환형 지역경제 모델을 지향하고 있다.

이와 같이 화천군이 산천어 축제의 단점인 계절성을 보완하여 사계절 체류형 관광지로 전환에 성공한 것처럼, 포천시는 접근성과 수도권 관광객, 청양군은 복지와 청년정책, 군위군은 대규모 스포츠 관광산업화를 중심으로 각기 다른 전략에서 파크골프를 지역발전의 핵심 인프라로 활용하고 있다.

이러한 사례들은 단순히 공원을 조성하는 수준이 아닌, 고령사회·지방소멸·관광 편중·지역경제 저성장이라는 복합 문제를 해결하기 위한 지방정책과 파크골프 산업의 접점을 보여주는 훌륭한 지역 전략 모델이라 할 수 있다.

5. 해외 파크골프 관광의 확산과 가능성

시니어 세대는 왜 파크골프 해외여행을 주도하는가?
현재의 시니어 세대는 이전 세대와 전혀 다른 특성을 가지고 있다. 이들은 산업화, 민주화, 세계화를 거치며 경제 성장을 함께 경험했고, 퇴직 후에도 상대적으로 안정된 자산 기반과 활발한 소비 성향을 갖춘 세대이다. 무엇보다 이미 젊은 시절부터 국내외 골프여행과 해외문화 경험이 풍부한 평생 여행자들이다. 최근 이들이 기존의 골프에서 파크골프로 관심을 옮기고 있다. 파크골프는 신체 부담이 적고, 비용이 저렴하며, 커뮤니티 활동이 쉬운 장점으로 인해 시니어의 신체적·사회적 요구를 동시에 충족시켜준다. 이로 인해 시니어들은 단순한 레저 차원을 넘어, 여행과 운동을 동시에 즐기는 파크골프 해외여행에 점차 관심을 확대하고 있다.

(1) 일본 : 시스템화된 관광형 파크골프의 선진 모델
일본은 파크골프의 원조 국가로, 이미 40년 가까운 운영 노하우를 가지고 있다. 특히 홋카이도를 중심으로 전국 1,300개 이상의 파크골프장이 운영되고 있으며, 많은 지자체들이 이를 고령친화형 체육관광 자원으로 활용하고 있다.

일본의 파크골프 관광은 다음과 같은 특징을 가진다:
- 천연 잔디와 정비가 우수한 코스 품질
- 숙박, 음식, 온천, 쇼핑이 연계된 패키지 운영
- 지역대회와 전국대회가 연계된 대회 시스템
- 고령자 대상 복지·건강·레저가 통합된 서비스 모델

특히 한국인 시니어에게 일본은 지리적으로 가까우면서도 음식, 온천, 쇼핑 등 만족도가 높은 파크골프 여행지로 각광받고 있다. 여행과 운동, 휴식이 결합된 완성형 체류 콘텐츠로 일본형 파크골프 모델은 매우 강력한 참고 사례다.

(2) 태국·베트남·대만 : 파크골프 신흥 시장의 등장

일본 다음으로 주목받는 지역은 동남아다. 그중 태국은 파크골프의 해외 확산 가능성을 보여주는 가장 실질적인 사례다.

2024년, 한국계 기업이 태국 치앙마이에 36홀 파크골프장을 조성·운영함으로써 K-파크골프의 해외 진출 1호 사례가 탄생했다. 해당 시설은 단순한 운동 공간이 아니라 한인, 태국인 시니어들이 함께 어우러지는 복합 커뮤니티 공간으로 자리잡고 있다.

이외에도 베트남과 대만은 빠른 고령화와 레저 인프라 수요 확대에 따라 향후 파크골프 도입 가능성이 매우 높은 신흥 진출 대상국으로 평가된다. 특히 한국의 스포츠 브랜드력, 교육 시스템, 장비 생산력은 이들 시장에서 강력한 경쟁 우위 요소다.

(3) K-파크골프 : 시스템 수출과 글로벌 전략

한국은 파크골프의 후발주자였지만, 불과 20년 만에 전국 수백 개의 파크골프장을 조성하며 빠르게 성장해왔다. 이 과정에서 단순한 일본식 모방이 아닌, 한국형 교육체계, 장비산업, 앱 기반 기록관리, 프로리그 도입, 관광 연계 상품 등 고도화된 시스템을 구축해왔다.

이제 한국은 K-파크골프라는 이름으로 다음과 같은 수출 전략을 추진할 수 있다:

1. 시범장 조성 + 운영 수출

   해외 현지에 한국형 시범 코스를 조성하고, 운영관리·교육·대회 시스템을 일괄 제공

2. 장비·설계 기술 수출

   국산 클럽, 공, 스코어 시스템과 한국식 3-3-3 코스 설계를 패키지로 공급

3. 교육자 양성과 인증 시스템 수출

   지도자 자격 프로그램을 보급하고 현지 정부·단체와 협력해 제도화

4. 관광 콘텐츠 연계

   "파크골프 + 온천 + 의료 + 한식 + 한류체험" 등 K-문화와 결합된 복합관광 프로그램 구성

이러한 전략을 통해 K-파크골프는 단순한 체육 수출을 넘어, 복지, 관광, 문화, 산업이 통합된 고령사회 융복합 수출 모델로 발전할 수 있다.

> **K-파크골프 태국 진출 1호 - 치앙마이 현지 운영 사례**
>
> - 설립 연도: 2024년
> - 위치: 태국 치앙마이 외곽 고지대
> - 운영 주체: 한국계 민간기업
> - 이용층: 한인 교민, 현지 태국 시니어, 한국파크골프동호인
> - 특징:
>   - ▶ 한국식 예약 및 기록 시스템 운영
>   - ▶ 클럽 대여, 한식 식당, 차량 픽업 서비스
>   - ▶ "파크골프 + 온천 + 시장 + 마사지" 테마 투어로 확장
> - 의의:
>   - ▶ K-파크골프가 단순 보급이 아닌 지역 커뮤니티와 관광산업을 연결하는 복합 수출 콘텐츠임을 증명한 사례

파크골프는 이제 세계적으로 주목받는 고령친화형 스포츠다. 일본은 시스템화된 모델을 완성했고, 동남아는 신흥 시장으로 떠오르고 있으며, 한국은 고도화된 시스템과 브랜드로 수출형 스포츠 산업을 준비하고 있다.

K-파크골프는 단순히 스포츠가 아니라 고령사회의 문화, 경제, 건강, 외교를 통합한 새로운 국가 성장 산업이 될 수 있다.

6. 재외동포와 파크골프 : 세계 한인 커뮤니티의 새 연결고리

(1) 전 세계 한인 사회와 파크골프의 만남

전 세계 약 750만 명의 재외동포 가운데 많은 이들이 중장년층 이상이며, 이미 모국과 타국에서 성공적인 정착과 경제활동을 마친 세대다. 이들은 자신이 살아온 나라에서 노후를 보내고 있지만, 고국에 대한 그리움, 공동체에 대한 향수, 정체성에 대한 회복 욕구는 언제나 내면 깊숙이 남아 있다. 이러한 재외동포들의 현실 속에서 파크골프는 단순한 운동이 아니라, 삶의 활력소이자 정서적 고향을 잇는 통로, 그리고 모국과 다시 연결될 수 있는 작지만 강력한 문화적 접점이 되고 있다.

(2) 재외동포 시니어 커뮤니티의 중심이 되다

미국, 캐나다, 일본, 태국 등 고령화가 진행된 국가에서는 파크골프가 한인 시니어들의 건강한 여가활동, 사교, 커뮤니티 유지 수단으로 확산되고 있다.

- 미국·캐나다 : 한인 노인회, 교회 중심의 파크골프 동호회가 형성되어 공원, 커뮤니티센터 등에서 자발적으로 활동 중이다.

- 일본 : 파크골프 선진국답게, 재일동포들과 현지 고령자들이 정규 코스에서 자연스럽게 어울리며 일상 속 운동 문화로 정착했다.
- 태국 : 치앙마이, 파타야, 방콕 등지에서는 한국계 파크골프장이 운영되며, 한국·일본·태국 시니어 간 교류의 장으로 기능하고 있다.

이처럼 파크골프는 세계 곳곳에서 재외동포 공동체의 연결 매개이자 정신적 쉼터가 되고 있으며, 모국을 떠난 삶 속에서도 '한민족의 정서'가 살아 있는 스포츠 문화로 작용하고 있다.

(3) 고국에 대한 그리움, 그리고 파크골프를 통한 재연결

재외동포들은 단순한 방문객이 아니라, 언젠가는 돌아가고 싶은 '또 하나의 시민'이다. 최근 한국에 파크골프장이 급속도로 확산되고 있다는 소식은 재외동포들에게 한국을 단순히 "방문하는 나라"가 아닌, "다시 살아보고 싶은 곳"으로 인식하게 만들고 있다. 실제로 일부 동포들은 귀국 시 파크골프 라운딩을 중심으로 일정을 구성하고 있으며, 한국 각 지역의 파크골프장을 순례하는 시니어 맞춤형 체류형 고국 방문 여행이 새로운 흐름으로 나타나고 있다.

- "여행과 운동을 동시에 할 수 있다."
- "한국 친구들과 같은 코스를 걸을 수 있다."
- "한국식 커뮤니티 안에서 마음이 편안하다."

이러한 경험은 재외동포에게 정서적 치유이자 고국과의 정서 회복을 돕는 소중한 기회가 된다.

(4) K-파크골프, 재외동포청이 주목해야 할 정책 도구

K-파크골프는 대한민국이 가진 파크골프의 기술력, 커뮤니티 문화, 교육 시스템, 장비 산업을 바탕으로 해외에 수출 가능한 스포츠이자 문화 콘텐츠로 성장하고 있다. 그러나 이보다 더 중요한 것은, 재외동포와의 관계 회복을 위한 전략 자산으로서의 가치이다. 재외동포청은 지금이야말로 K-파크골프를 활용해 귀국 유도, 정주 지원, 정체성 회복, 민간외교를 통합할 수 있는 정책적 접근을 시작해야 한다.

재외동포청을 위한 K-파크골프 기반 정책 제안

1. 재외동포 교류 정책

- 글로벌 동포 초청 파크골프 교류전 개최
  - ▶ 한미, 한일, 한태 지역별 커뮤니티 초청 대회
  - ▶ 관광+대회+문화교류 패키지화
- 재외동포 파크골프 지도자 양성 프로그램 운영
  - ▶ 온라인 교육 + 현지 실습
  - ▶ 민간자격 기반의 동포 커뮤니티 리더 육성

2. 역이주 및 귀국 정주 유도

- 전원형 파크골프 귀촌 마을 조성
  - ▶ 귀농·귀촌 정책과 연계한 파크골프 특화 마을
  - ▶ 정기 라운딩, 커뮤니티 식당, 건강센터 등 통합 모델
- 장기 체류형 파크골프 관광 허브 개발
  - ▶ 한방의료, 온천, 장기숙소 + 파크골프장이 통합된 복합단지
  - ▶ 한 달 살기, 치유 여행 프로그램 구성

3. 외교·문화 활용

- 재외공관 중심 K-파크골프 체험 보급
  - ▶ 문화원, 대사관 행사에 파크골프 체험 포함
  - ▶ 장비·코스 설치 및 시범 운영 지원

- 한류 연계 복합 콘텐츠 개발
  - "파크골프 + K-푸드 + 전통문화 체험"
  - 동포 청년세대와 1.5세대 연결 프로젝트 추진

기대 효과 요약

정책 영역	기대 효과
재외동포 관계	정서적 연결 회복, 커뮤니티 회복, 고국 방문 유도
복지 및 건강	고령자 건강 증진, 사회적 고립 해소, 커뮤니티 기반 복지 모델 정착
귀국·역이주	체류형 귀국 기반 마련, 귀농귀촌과 연계한 고령 정착 모델 형성
민간외교	재외공관 K-문화사업과 연계, 스포츠 외교 자산으로 활용 가능

4. 스포츠를 통한 새로운 세계 한인 정책

파크골프는 이제 재외동포를 위한 운동 그 이상이다. 삶을 함께 나누고, 정체성을 되찾고, 고국과 다시 연결되는 플랫폼이다.

K-파크골프는 대한민국과 세계 한인을 정서적으로, 문화적으로, 정책적으로 다시 하나로 잇는 스포츠 외교의 교두보가 될 수 있다. 재외동포청은 이 흐름에 주목하고, 적극적인 정책 전환을 통해 새로운 세계 한인 정책의 장을 열어야 한다.

최근 최고의 인기를 누리고 있는 일본 홋카이도의 국제왓츠파크골프장.

4부
프로 파크골프와 글로벌 도전

K-파크골프, 세계 표준으로 간다

생활체육에서 시작된 파크골프가 이제 '프로'라는 이름으로 더 넓은 무대에 서려면, 우리는 감동적인 플레이를 넘어 재현 가능한 시스템을 말해야 한다.

프로화란 게임의 난이도를 올리는 일이 아니라, 선택과 전략을 또렷하게 드러내는 규칙과 설계, 공정함을 보증하는 심판과 데이터, 누구나 이해하고 즐길 수 있게 만드는 중계와 팬 경험, 그리고 선수가 커리어를 설계하고 스스로 브랜드가 될 수 있게 하는 경제 구조를 함께 세우는 일이다.

이 과정이 견고하면 견고할수록 생활체육의 따뜻한 그늘은 사라지지 않고 오히려 더 넓어진다.

우리나라에서 출발하는 모델의 강점은 이미 곳곳에 깔려 있다. 도심 접근성과 커뮤니티의 응집력, 스크린과 실전이 맞물리는 하이브리드 경험, 시니어와 가족 단위가 자연스럽게 섞이는 현장성, 자원봉사 문화와 빠른 실행력까지—이 모든 요소를 표준으로 묶어 어디서든 같은 품질로 구현할 수 있어야 한다.

코스는 플레이를, 중계는 화면을, 데이터는 대화를 만들고, 운영은 이 세 가지 요소를 한 호흡으로 엮는다. 그렇게 만들어진 표준은 특정 지역의 사례가 아니라, 누구나 가져다 붙이면 작동하는 한국형 프로 파크골프의 최소 단위가 된다.

프로는 결국 사람과 이야기의 산업이다. 팬은 기록으로 설득되고, 이야기에 머문다. 스타는 우연히 탄생하지 않는다. 공정한 경쟁 규칙, 투명한 판정, 일관된 코스 세팅, 훈련과 콘텐츠 제작을 뒷받침하는 수익 배분과 권리 체계가 선수의 '노력'이 '가치'가 되는 사다리를 만든다. 짧은 클립과 라이브 해설, 현장 체험과 로컬 상권의 결합은 파크골프를 '보는 스포츠'에서 '함께 사는 문화'로 확장시킨다.

이제 시선을 세계로 돌린다. 우리는 K-Culture의 한 갈래로서 K-ParkGolf를 제안한다. 건강과 관계, 학습과 여행이 한데 얽힌 K-라이프스타일의 콘텐츠로서, 미국의 시니어 커뮤니티와 공원 시스템, 일본-한국-동남아로 이어지는 한민족 네트워크, 대학과 지방정부, 미디어와 헬스케어 산업과의 접점을 촘촘히 연결한다. 수출되는 것은 시설이 아니라 운영의 언어이며, 중계와 데이터, 교육과 라이선싱으로 묶인 하나의 패키지다. 표준은 국경을 넘어야 표준이다.

4부는 실질적인 문장으로 채워진다. 측정 가능한 것만 약속하고, 약속한 것만 반복하여 재현한다. 공정성과 안전, 접근성과 ESG를 기본으로, 플레이―화면―데이터―현장이 맞물리는 구조를 제시하고, 팬덤과 산업이 함께 성장하는 길을 그린다. 파크골프는 더 멀리 보내는 기술이 아니라 더 멀리 함께 가는 방법이다. 이제 그 방법을 세계가 이해할 언어로 정리해 보인다.

14.
프로 파크골프는 왜 필요한가

생활체육에서 '스포츠 산업'으로 진화하는 조건

생활체육으로 시작된 파크골프가 '산업'으로 도약하려면, 먼저 재미의 공식을 정확히 짚어야 한다. 잘 치는 사람이 더 재미있게 보이고, 재미있게 본 사람이 결국 체험해 본다.

이 간단한 선순환을 가장 먼저 완성한 종목이 골프다. 토요일 컷 탈락을 가르는 짧은 파 퍼트 한 번에 해설, 데이터, 화면 구성이 한몸처럼 붙는다. 파크골프 역시 코스 길이를 무작정 늘리는 대신 리스크-리워드가 분명한 구간을 설계하고 그린 컨디션을 표준화하면 기술 격차가 화면에 선명하게 찍힌다. 짧은 동선은 오히려 더 많은 표정과 리액션을 포착하게 하고, 숏폼으로 잘려 나간 하이라이트는 가볍게 확산된다. 한마디로 "짧고 쫀쫀한 드라마"가 가능하다.

태권도는 또 다른 힌트를 준다. 흰 띠에서 검은 띠까지 누구나 오를 수 있는 사다리가 있고, 도장-승급-지역대회-국가대표로 이어지는 교육-자격-대회의 연결고리가 산업을 받친다. 파크골프도 생활자에서 지도자, 지도자에서 프로 테스트, 그리고 리그로 이어지는 '승급의 길'을 열어야 한다. 자격증은 장롱 속 종이가 아니라 대회 출전권, 강의와 콘텐츠 제작, 수익 배분으로 이어지는 실질적 열쇠여야 한다. 그렇게 "운동 한 번 배워볼까?"가 "커리어를 설계해볼까?"로 바뀐다.

야구는 팬을 만드는 기술을 보여준다. 연고와 홈경기, 굿즈와 응원, 지역 축제까지, 경기장 안에서 시작한 이야기를 밖에서 돈이 되는 축제로 확장한다. 파크골프도 도시 연고전과 순회 리그를 엮고, 대회 주간에 시니어·패밀리 팬존을 열어 체험과 클래스를 붙이면 된다. 응원 타월 대신 썬캡과 마커, 치킨 대신 도시락—핵심은 '함께 노는 형식'을 만드는 일이다. 팬은 기록으로 설득되고, 이야기로 머문다.

e스포츠는 오늘의 소비법을 알려준다. 한 경기에서 수십 개의 클립이 태어나고, 라이브 해설과 HUD형 데이터 그래픽이 몰입을 만든다. 파크골프도 샷 트래킹, 퍼팅 성공 확률, 선수별 루틴 같은 '보이는 데이터'를 얹으면 규칙을 몰라도 재미를 이해한다. OTT—개방된 인터넷을 통해 영화, 드라마, TV 방송 등의 각종 영상을 제공

하는—와 숏폼이 이 모든 걸 엮는다. "어제 본 그 12미터 퍼트, 링크 좀"이라는 일상적인 공유가 자연스러운 유입이 된다.

그리고 빼놓을 수 없는 당구. 사실 파크골프와 닮은 점이 가장 많다. 3쿠션의 세계에서 진짜 승부는 '힘'이 아니라 '두께와 라인'이고, 경기의 품질은 샷클락과 테이블 컨디션 표준화, 카메라 각도와 해설의 다이아몬드 시스템 설명이 좌우한다. 짧은 거리 안에서 결정과 섬세함이 서사를 만들고, 관중은 해설과 데이터—예컨대 남은 각, 쿠션 수, 키스 위험도—를 통해 기술의 언어를 배운다.

파크골프도 마찬가지다. 홀이 짧을수록 선택은 더 선명해지고, 선택이 선명할수록 이야기의 밀도는 높아진다. 표준화된 코스 세팅과 판정, 샷클락에 준하는 페이스 오브 플레이 관리, 화면에 최적화된 카메라 포지션이 맞물리면, 당구가 그랬듯 '정확성' 자체가 흥행 포인트가 된다.

결국 생활체육이 '스포츠 산업'으로 진화하려면 네 가지 조건으로 수렴해야 한다. 원칙, 재현, 스토리, 참여가 그것이다. 원칙은 공정성과 안전, 그리고 선수와 관중의 권리를 지키는 규정에서 출발한다. 비디오 리뷰와 심판 절차, 의무 교육, 이해상충 방지, 금지약물·도박 관련 규정은 투명해야 한다. 재현은 어느 도시, 어느 코스에서든 같은 품질의 경기·중계·관람 경험을 구현하는 능력이다. 코스 세팅은

국내 최초이자 세계 최초로 열린 프로 파크골프 선수 선발전 포스터(2025).

체크리스트로 관리하고, 조명·음향·통신은 표준화하며, 스코어링· 판정·방송은 동기화한다. 스토리는 데이터를 근거로 장면을 해석하고 선수의 인간적 여정을 엮어내는 기술이다. 숫자는 감탄사를 만들고, 감탄사는 팬을 남긴다. 참여는 현장 관람과 체험, OTT 시청과 클립 공유, 아카데미와 지역 축제를 통해 '보는 것'을 '같이 하는 것'으로 확장하는 일이다. 여기에 시니어·가족·장애인의 접근성과 물·소음·조명 관리 같은 ESG 기준을 기본값으로 더하면, 프로의 사회적 면허가 확보된다.

프로 리그 창설의 철학과 모델

프로 리그의 철학과 모델은 이 조건 위에서 구체화된다. 포맷은 짧고 밀도 높게 가져가되, 도시 접근성을 살려 평일 저녁과 주말 낮의 리듬을 만든다. 선수 선발은 공개 테스트를 통과한 이들에게 라이선스를 부여하고, 성별·연령·어댑티브 부문을 제도권에 포함한다.

시즌은 순회형과 도심형을 섞어 전개하고, 이야기의 봉우리를 만들 메이저를 두 차례 배치한다. 모든 대회는 표준화된 중계 그래픽과 비디오 리뷰를 적용하고, 선수 미디어 의무와 의료·피로 관리 가이드를 제도화한다. 권리 구조는 방송+OTT+클럽으로 분화된 중계권, 개방형 가이드라인 아래의 데이터 저작권, 선수·팀 2차 저작 허용을 포함해 생태계의 창작과 수익을 함께 키운다.

현장 수익은 티켓보다 체험·교육·지역 상권 패키지로 증폭시키고, 팬 경험의 품질을 시즌 지표로 측정해 공개한다.

프로 파크골프의 원년인 2026 비전은 선언문이 아니라 실행 도면이어야 한다. 2025년 파일럿에서 운영 로그와 관중·시청 데이터를 확보하고, 이 데이터를 근거로 2026년 정규 시즌을 연다.

상·하반기 순회 일정에 도심형·체류형 대회를 혼합하고, 모든 라운드에 표준 코스 세팅과 비디오 리뷰, 실시간 스코어링·데이터 공개를 적용한다. 경기 주간에는 팬존과 아카데미를 상설화해 신규 관람을 즉시 동호인 풀로 연결하고, 선수 보호를 위해 공식 연습일과 의무 휴식 규칙을 둔다.

성패는 트로피가 아니라 지표로 말한다. 현장 관중, OTT 시청 시간, 하이라이트 완시율, 재방문율, 스폰서 갱신율, 선수 상금 대비 외부 수익 비중—이 숫자들이 올라갈수록 생활체육은 더 넓어지고 산업은 더 단단해진다.

무엇보다 이 모든 논의는 재미로 귀결되어야 한다. 파크골프의 매력은 공이 멀리 날아가는 '소리'가 아니라, 짧은 거리 안에서 이어지는 '대화'에 있다. 동료와의 농담, 관중의 숨죽임, 해설의 한마디, 화면 구석의 작은 수치들. 프로화란 그 대화를 크게, 또렷하게, 그리고 오래가게 만드는 일이다.

우리의 임무는 간단하다. 잘 보이게, 공정하게, 재밌게. 그렇게 하면 파크골프는 '새로운 종목'이 아니라, 한국이 잘 만드는 '새로운 형식'으로 세계 무대에 설 것이다.

우승의 순간을 지켜보고 있는 대회 참가자들.

15.
프로 파크골프장 표준 모델과 파일럿 운영

1. 설계 표준(안): "변별력을 설계하라"

생활체육 코스와 프로 코스는 목표가 다르다. 생활체육은 '누구나 무리 없이 완주'가 목적이라면, 프로는 '실력의 미세한 차이가 점수로 번역'되어야 한다.

기존 9홀 4·4·1(Par3 네 홀, Par4 네 홀, Par5 한 홀) 구성은 상위 선수들의 점수를 한데 모으는 경향이 강했다. 그래서 프로는 9홀 3·3·3(Par3·Par4·Par5 각 세 홀)로 전환한다. 파5를 두 개 늘려 의사결정 구간을 배치하면 장타·어프로치·퍼팅 능력이 균형 있게 드러난다.

- 파 배치(9홀): Par3 ×3 / Par4 ×3 / Par5 ×3
- 홀 길이 권고(m): Par3=40~60 / Par4=60~100 / Par5=100~150
- 리스크-리워드 홀: 9홀 중 4~6홀(특히 Par4 두 홀, Par5 두 홀)

- 그린 지름: 15m 전후(±1m)
- 홀컵 지름: Ø160mm(프로 전용)
- 그린 경사: 평균 1.5~2.5%, 국지 최대 3.0%
- 핀 포지션 정책: 쉬움/보통/어려움 = 1:1:1
- 러프·페어웨이 컷: 페어웨이 35mm / 러프 45mm 이상

리스크-리워드 홀은 위험을 감수할수록 보상이 커지도록 설계된 홀을 뜻한다. 단 하나의 '정답 스윙'이 아니라 두 가지 이상의 뚜렷한 선택지를 제시해, 공격과 안전 중 어디에 베팅하느냐에 따라 점수가 갈라지도록 만든다.

예를 들어 Par4(60~100m)에서 티샷을 그린 목까지 직선으로 찌르면 한 방에 버디 찬스를 만들 수 있지만, 입구를 가로막는 벙커와 해저드, 좁은 랜딩 존, 핀과의 접근 각도에 실패 시 즉시 더블보기 위험으로 되돌아온다.

반대로 페어웨이 넓은 구간에 끊어 넣으면 파 세이브 확률은 올라가지만 버디 기대 값은 낮아진다. Par5(100~150m)에서는 그린에 2온을 노리는 순간 이글·버디의 문이 열리지만, 거리와 바람, 거친 러프와 수면 경계의 압박이 한 번의 미스샷을 큰 손실로 바꾸며, 3온 운영은 안정적이지만 상위권 경쟁에서 밀릴 수 있다.

중요한 것은 이 두 길이 모두 '합리적'이어야 한다는 점이다. 안전 루트가 실제로 작동하지 않거나, 반대로 공격 루트가 과도하게 유리

하면 홀은 도박이 되거나 퍼팅 연습장으로 축소된다.

리스크-리워드 홀은 해저드의 배치, 착지 지점의 폭과 경사, 핀 위치의 각도, 그린의 미세 컨투어, 바람 통로까지 종합해 설계하며, 결과적으로 선수의 장·단점과 성향, 그날의 컨디션, 라운드 흐름에 대한 읽기가 점수로 번역되도록 한다.

생활체육 코스에서는 이런 성격의 홀을 제한해 '안전한 즐거움'을 우선하지만, 프로 코스에서는 9홀 기준 4~6개 정도를 의도적으로 배치해 상위권의 스코어 분산을 넓히고 장면별 서사를 만들어 낸다.

3·3·3 파 구성과 결합된 리스크-리워드 설계는 장타와 코스 매니지먼트, 러닝 어프로치와 로브샷, 공격적 퍼팅과 보수적 투퍼트 사이의 선택을 또렷하게 드러내며, 그 선택의 총합이 결국 실력의 차이라는 것을 관중이 화면으로 납득하게 만든다.

동선은 선수·방송·안전·운영의 네 축으로만 설계한다. 관중 동선과 갤러리 웨이는 아예 두지 않는다. 코스는 원칙적으로 폐쇄구역으로 운영하며, 일반인의 출입은 금지한다. 선수 동선은 티잉에어리어-페어웨이-그린을 잇는 최단 집중 루트로 단순화하고, 방송은 고정 포인트(티·그린·키홀)와 하이포드·짐벌 이동선을 미리 지정해 페어웨이 외곽 1.5~2.0m 폭의 서비스 라인을 따라 움직인다.

심판과 마셜은 플레이 라인에 직접 개입하지 않는 범위에서 그린·해저드·드롭존을 커버하며, 모든 교차 지점은 운영 인원만 통과 가능한 패스 게이트로 제한한다.

안전 체계는 비상차량 진입 루트를 최소 2개 확보해 상·하행을 분리하고, 대피 지점과 의료 포인트를 코스 중간과 피니시 지점에 1:1로 배치한다. 바람 통로와 햇빛 각, 카메라 시야를 고려해 티 박스와 그린 주변의 수목 밀도를 조절하고, 드롭존과 구제 구역은 중계 그래픽과 좌표 연동이 가능하도록 표식 체계를 통일한다. 접근성은 스태프 기준으로 확보한다.

경사 1/12 이하의 램프와 단차 1.5cm 이하의 마감 기준을 적용해 의료·안전·방송 인력이 장비를 수월하게 운반·운용할 수 있도록 하고, 장애 인력을 포함한 모든 스태프가 동일한 접근성을 갖도록 동선을 설계한다. 관람 경험은 코스 외부의 별도 팬존·라이브 스크린과 중계로 제공하며, 코스 내부에는 관중을 들이지 않는 운영 원칙을 유지한다.

핵심 효과 : 3·3·3 코스 구조와 직경 15m급 그린, 160mm 홀컵이 결합하면 장타 vs 안전운영, 러닝 어프로치 vs 로브샷, 공격적 퍼팅 vs 투퍼트 관리의 선택이 또렷해지고, 상위권의 스코어 분산이 넓어진다. 즉, 변별력이 설계에서 나온다.

2. 시공 표준(안): "같은 감각이 이틀 내내 유지되게"

설계가 의도라면, 시공은 그 의도가 매일 똑같이 느껴지도록 재현하는 기술이다. 파크골프는 골프식 시공을 그대로 옮겨오지 않는다. 이 종목의 본질은 공이 '구르는' 스포츠라는 점에 있고, 따라서 그린 못지않게 페어웨이의 정밀 시공이 중요하다. 특히 티샷이 떨어지는 자리, 처음 튀는 구간, 속도가 줄며 굴러가는 구간을 구분해, 공이 예측 가능한 선으로 가다가 자연스럽게 멈추는 경험을 설계해야 한다.

기반 정지·배수— "고인 물 없는 바탕"
페어웨이와 그린은 완만하게 흐르는 종·횡단 경사를 갖추되, 눈에 거슬리는 턱이나 요철이 생기지 않아야 한다. 저지대에 물이 고이지 않도록 배수망을 촘촘히 연결하고, 그린은 샌드 베이스와 암거 배수(프렌치 드레인 등)로 비가 온 뒤에도 빠르게 회복되는 구조를 만든다. 중요한 것은 "비가 그치면 곧장 같은 감각으로 돌아오는가"라는 결과다.

페어웨이 롤 엔지니어링— "착지·전이·정지의 3구역"
페어웨이는 세 구역으로 생각한다. 착지 구역은 발자국과 디봇의 영향을 최소화할 만큼 단단하고 평탄해야 한다. 전이 구역은 속도를 서서히 줄여 주는 완만한 기복을 갖고, 정지 구역은 좌우 어느 쪽으로든 과도하게 쏠리지 않도록 잔잔하게 받쳐 준다. 전체적으로는 눈으로 보기엔 거의 평탄하지만, 공을 굴리면 '의도한 방향'과 '멈추는 자리'가 재현되는 느낌이 와야 한다.

현장 확인은 간단하다. 같은 자리에서 공을 여러 번 굴렸을 때 비슷한 궤적과 비슷한 지점에 멈추는가, 좌우로 예기치 않은 튐이나 급격한 쏠림이 없는가. 이 두 가지가 합격 기준이다.

표층 구성·유지관리— "표면은 매끈, 감각은 일정"

티잉그라운드는 반복 사용에도 모양이 무너지지 않도록 내마모성을 확보하고, 페어웨이는 뿌리층과 상토를 충분히 정리해 작은 바퀴가 지나가도 흔적이 남지 않게 한다. 그린은 대회 전 주간에 절단—롤링—탑드레싱—핀 이동의 루틴을 고정해 경기일에 따라 감각이 달라졌다는 느낌이 들지 않게 한다. 페어웨이는 짧고 빠르게, 러프는 단계적으로 길게 유지해 선택과 실수가 분명히 갈리도록 한다.

핀컵·그린— "선을 만드는 원"

프로는 그린 직경 약 15m 전후를 기본으로 하여 퍼팅 라인의 해석 여지를 넓힌다. 홀컵은 프로 전용 160mm 규격을 사용하고, 컵 림과 주변 면은 이음새가 느껴지지 않게 매끈해야 한다. 컵에 맞고도 비정상적으로 튀거나 꺾이는 일이 없어야 하며, 핀 위치는 쉬움·보통·어려움을 균형 있게 배치해 라운드마다 난이도의 흐름이 일정하게 느껴지게 한다.

관수·조명·표식— "보이지 않는 안정감"

관수는 티·페어웨이·그린을 구역별로 나눠 미세 조정이 가능해야 한다. 야간 운영이 있다면 조명은 눈부심 없이 고르게 퍼지게 하고, OB·패널티·드롭존·대피로 표식은 중계 그래픽과 좌표를 쉽게 연동할 수 있을 만큼 명확하고 일관되게 설치한다. 대회시 코스는 관중들에게 폐쇄 운영을 원칙으로 하며, 방송·안전·운영 인력만 내부 서비스 라인을 이용한다.

검측·인수인계·유지 루틴— "수치보다 결과"

세부 수치로 공방을 벌이기보다 결과 기준으로 점검한다.
- 비 온 뒤 고인 물이 남지 않는다.
- 같은 지점에서 굴린 공이 비슷한 궤적·지점에 멈춘다.
- 홀컵 가장자리(Cup rim)에 맞아도 비정상적인 튐·꺾임이 없다.
- 경기일이 달라도 그린·페어웨이의 감각이 크게 변하지 않는다.
- 비상 진입로, 안전 표식, 서비스 라인이 항상 열려 있다.

이 기준을 체크리스트로 만들어 시공 인수인계와 대회 전 점검에 동일하게 쓰면, 사람과 장소가 바뀌어도 같은 품질이 재현된다.

핵심 효과— "구르는 공의 언어"

이 표준의 목적은 하나다. 선수에게는 샷 선택이 점수로 정직하게 번역되는 코스를, 시청자에게는 실력의 차이가 화면으로 선명하게 보이는 경기를 만드는 것. 파크골프의 언어는 '멀리'보다 '어떻게 굴러 어디에 멈추느냐'에 있다.

시공은 그 언어를 누구나 같은 방식으로 읽을 수 있게 해주는 문법이다.

3. 운영 표준(안): "플레이-화면-안전을 한 호흡으로"

운영은 설계와 시공을 경험으로 바꾸는 일이다. 목표는 단순하다. 빠르고, 공정하며, 안전하게—그리고 매일 같은 리듬으로. 코스는 원칙적으로 폐쇄구역으로 운영하고(관중 동선·갤러리 웨이 없음), 내부에는 선수·심판·방송·안전 인력만 들어온다. 관람은 코스 외부 팬존과 라이브 스크린, 디지털 중계로 제공한다.

라운드 리듬과 POP 관리— "흐름은 단순하게, 속도는 일정하게"

경기의 품질은 흐름의 균일성에서 나온다. 스타트 간격을 일정하게 유지하고, 병목이 예상되는 홀에는 마셜을 고정 배치한다. 선수 브리핑에서 루틴 단순화, '준비된 플레이(Ready Golf)' 원칙, 지연 발생 시 조치 순서를 명확히 한다.

각 조의 진행 상황은 심판·스코어링·방송이 같은 시각을 공유해 필요 시 즉시 조정한다. 하루 전체의 리듬(오전 세션—중간 정비—오후 세션)은 늘 같은 구조로 반복한다.

심판·판정·비디오 리뷰— "판정은 보이는 절차로"

판정은 현장 판정 → 비디오 리뷰 → 공식 발표의 3단계로 일관되게 처리한다. 모든 판정에는 간단한 사유 코드를 붙여 스코어 기록과 중계 그래픽에 함께 표기한다.

선수는 어필 가능 구간과 방식, 리뷰 요청 기준을 사전에 숙지한다. 라운드 종료 후에는 그날의 주요 판정과 근거를 정리한 판정 리포트를 공지해 공정성에 대한 신뢰를 쌓는다.

스코어링·데이터 동기화— "숫자는 이야기의 문장"

스코어는 현장 입력—심판 확인—중계 그래픽—공개 뷰어까지 느껴지지 않을 만큼 짧은 지연으로 동기화한다. 최소 공개 항목은 홀별 스코어, 퍼팅 시도, 페널티 사유, 진행 속도 지표다.

데이터는 기록 그 자체를 넘어 해설의 언어가 되므로, 표기 방식과 용어를 대회별로 완전히 동일하게 쓴다. 선수·팀·미디어의 2차 활용은 사전에 정한 가이드(표기, 로고, 출처)를 따른다. 하이라이트 제작을 위해 클립 단위의 태그를 현장에서 동시에 남긴다.

방송 연동— "플레이를 끊지 않는 연출"

연출(방송), 심판, 코스 슈퍼바이저가 한 타임라인 위에서 움직인다. 코스 세팅 변경, 핀 포지션, 기상·안전 알림은 방송 인터컴에 즉시 공유되고, 제작은 플레이의 흐름을 해치지 않는 범위에서 화면 전환과 그래픽을 운용한다. 경기 종료 후에는 즉시 하이라이트와 공식 리포트를 발행해 디지털 확산의 속도를 잡는다.

안전·의료·기상— "사람이 먼저"

폭염·한파·강풍·낙뢰 등 기상 상황별로 중단—대피—재개 절차를 표준화한다. 코스 내부는 폐쇄 운영이므로 비상차량 진입로와 의료 포인트를 항상 개방 상태로 유지한다. 수분·그늘·대피 안내는 운영 스태프 동선과 한 체계로 묶고, 모든 인력은 상황별 행동카드를 휴대한다. 사고·아차사고는 당일 기록·복기해 다음날 브리핑에 반영한다.

커뮤니케이션·리포팅— "한 줄로 끝나는 공지"

라운드 시작 전: 오늘의 코스 세팅·핀 좌표·유의 규정 한 장 공지.

라운드 중: 판정·지연·기상 등 중요 알림은 단문 규격으로 통일해 전 채널(운영, 심판, 방송) 동시 공유.

라운드 종료 후: 경기 요약, 주요 데이터 스냅샷, 판정 리포트, 안전 로그를 묶은 데일리 리포트를 즉시 배포한다.

팬 경험(코스 외부)— "밖에서 더 가깝게"

코스 외부 팬존에서 라이브 스크린, 규칙·데이터 카드, 선수 토크·클리닉을 운영한다. OTT와 숏폼은 현장과 같은 표준 그래픽을 사용해 학습 비용을 낮춘다. 현장 참여는 체험과 교육 중심으로 설계해, 관람이 곧 입문과 재방문으로 이어지게 한다.

현장 확인— "수치보다 결과로 점검"

- 앞조와의 간격이 눈에 띄게 일정하다.
- 판정 과정과 결과가 누가 봐도 이해되는 언어로 공지된다.
- 현장 스코어와 그래픽·뷰어의 숫자가 항상 일치한다.
- 안전 알림과 대피 안내가 즉시 작동하고, 모든 비상 동선이 항상 열려 있다.
- 경기 종료 후 바로 하이라이트와 데일리 리포트가 발행된다.
- 다음날 브리핑에서 전일 로그가 실제 개선으로 이어진다.

핵심 효과— "한 호흡의 스포츠"

운영이 한 호흡으로 맞물리면, 선수의 루틴은 안정되고, 화면은 매끈하며, 안전은 보이지 않게 강해진다. 결과적으로 실력의 차이가 선명해지고, 팬은 규칙을 몰라도 이야기를 따라갈 수 있다. 이것이 프로 파크골프 운영의 목표이자, 어디서 열어도 같은 품질을 재현하게 하는 최소한의 문법이다.

4. 프로 테스트·라이선스— 직업으로서의 문턱

프로 테스트는 문 앞을 지키는 장벽이 아니라, 안으로 들어올 사람과 리그가 서로에게 책임을 약속하는 계약이다. 동호인의 친근함을 해치지 않으면서도, 화면에서는 기술과 선택이 선명히 보이고, 산업 전반에는 신뢰를 공급하는 선수를 선발하는 절차다. 문턱은 높되, 문은 넓게 열어 둔다.

우리가 검증하는 핵심은 힘보다 결정과 태도다. 규칙과 절차를 이해한 뒤 어떤 선택을 하는지, 페이스 오브 플레이를 어떻게 관리하는지, 안전과 매너를 어디에 두는지, 데이터와 판정에 어떻게 반응하는지, 그리고 자신의 플레이를 언어로 설명할 수 있는지.
파크골프는 '멀리 치는' 종목이 아니다. 굴러가는 공의 선을 읽고, 리스크-리워드가 뚜렷한 짧은 구간에서 결정 밀도가 높게 쌓이는 종목이다. 그래서 한 번의 샷이 스코어에 미치는 영향이 크고, 당구의 정밀함과 퍼팅의 심리를 동시에 요구한다. 골프를 오래 친 친구들이 "짧으니 쉽다"고 말하지 않도록, 우리는 이 테스트를 통해 정교함·속도·커뮤니케이션이 결합된 직업 역량을 증명한다.

형식은 단순하지만 의도는 명확하다. 필기에서는 룰, 비디오 리뷰와 어필 절차, 윤리와 이해상충, 미디어 기본을 다룬다. 실기에서는 티샷·어프로치·그린 주변 플레이를 짧은 과제로 분해해 본다.

시뮬레이션 경기에서는 샷클락이 작동하는 라운드에서 페이스 관리와 위험/보상 선택, 판정 대응을 관찰한다. 인터뷰에서는 스폰서·팬·언론 앞에서 자신의 판단과 루틴을 설명할 수 있는지를 본다. 이 네 조각을 합치면 실력과 태도의 윤곽이 드러난다.

라이선스는 등급과 유효기간을 둔다. 상위 등급은 메이저·국제 이벤트 출전권을, 일반 등급은 정규·파일럿 리그 출전권을 부여한다. 갱신은 재시험을 남발하지 않고 교육 이수 + 요약 평가로 처리해 선수의 시간을 존중한다. 중대한 위반(폭력, 도박, 부정행위 등)에는 제재와 재검증 절차를 명확히 둔다. 성별·연령·어댑티브(장애인) 부문은 제도권 안으로 포괄해 공정성과 포용성을 함께 지킨다.

선수의 권리와 의무도 동시에 분명해야 한다. 권리는 상해보험과 의료 지원, 데이터·초상권 정책의 투명성, 공정한 상벌과 항소권이다. 의무는 미디어 참여, 윤리·안전 교육, POP 준수다. 데이터는 리그가 관리하되, 선수와 팀이 정해진 가이드 안에서 2차 콘텐츠를 만들 수 있도록 개방한다. 선수의 브랜드가 곧 종목의 자산이기 때문이다.

이제 파크골프는 분명한 '직업'이 되었다. 프로선수는 단순히 경기에 출전해 시합을 하는 사람이 아니다. 시즌 일정을 계획하고, 체력과 마음을 관리하고, 사용하는 장비를 조정하며, 팬들과 소통하고 콘텐츠도 만들어야 한다. 또 지역 행사에 참여하거나 교육 활동을 맡는다. 이렇게 다양한 역할을 함께 해내는, 말 그대로 '여러 가지 일을 하는 전문직업인'이 되는 것이다.

수익원도 상금에 한정되지 않는다. 스폰서십, 클리닉과 강의, 아카데미 협업, 라이선싱과 디지털 콘텐츠가 함께 직업 생태계를 이룬다. 골프에서 쌓은 기술은 분명 강점이지만, 파크골프의 프로 무대에서는 짧은 거리에서의 결정 속도와 라인 해석, 페이스 관리, 미디어 문해력이 동등하게 평가된다. "거리가 짧다 = 쉬움"이 아니라, "거리가 짧다 = 더 엄격한 정밀도"다.

지원자는 먼저 스스로를 점검해야 한다. 내 플레이 속도가 다른 조를 기다리게 하지 않는지, 판정에 이견이 있어도 정해진 절차를 존중할 준비가 되어 있는지, 위험과 보상 앞에서 왜 그 선택을 했는지 말로 설명할 수 있는지, 안전·윤리·미디어 기본을 숙지했는지를 하루의 연습과 루틴 속에서 확인해야 한다. 이러한 자기 점검이 습관이 되면 테스트 당일의 성적은 평소의 태도를 따라온다.

운영진 또한 거울 앞에 서야 한다. 테스트 항목이 리그의 철학 "원칙, 재현, 스토리, 참여"와 실제로 맞물려 있는지 주기적으로 검토하고, 합격·보류·재응시 기준이 누구에게나 같은 언어로 보이도록 문서를 다듬어야 한다.

교육·갱신 체계가 행정 절차로 그치지 않고 선수의 성장을 돕는지, 즉 테스트가 사람을 걸러내는 제도가 아니라 사람을 더 좋게 만드는 제도인지 확인해야 한다. 그렇게 운영되는 문턱만이 직업의 품격을 지키고, 생활체육과 프로의 다리를 단단히 놓는다.

라이선스는 메달이 아니라 계약서다. 그 한 장을 통해 우리는 선수에게 안전과 권리를 보장하고, 선수는 팬과 스폰서, 개최지의 시민과 지역 파트너(지자체·상권·자원봉사자), 그리고 화면 앞의 모든 사람에게 책임을 약속한다. 이 합의가 쌓일수록 파크골프는 "짧아서 쉬운 놀이"가 아니라 짧아서 더 엄격하고, 그래서 더 매력적인 직업 스포츠로 자리잡는다.

16.
미국과 글로벌 진출 전략

파크골프는 더이상 일본의 전유물이 아니다. 한국은 이미 단순한 도입국을 넘어 새로운 문법을 제시하고 있다. 생활체육으로 뿌리를 내리고, 프로화의 문을 열었으며, 시니어의 라이프스타일 속에 녹아드는 방식으로 산업적 가능성까지 보여주고 있다.

이제 우리는 이 모델을 전 세계에 전파할 준비를 하고 있다. 이 장에서는 한국의 파크골프가 어떻게 글로벌 시장으로 뻗어갈 수 있는지를 구체적으로 다룬다.

K-ParkGolf, K-라이프스타일의 콘텐츠화

K-팝, K-드라마, K-푸드처럼 K-ParkGolf는 '경기 방식'이 아니라 하루를 보내는 방식이다. 우리는 경기 하나가 문화를 만들고, 문화가 산업을 키우는 전환점을 만들고 있다.

K-팝이 전 세계인의 일상 속으로 들어온 이유는 단지 음악의 완

성도가 높아서가 아니다. 의상, 헤어, 무대 구성, 팬덤 소통, 안무 챌린지에 이르기까지 '하나의 생활 방식'을 설계했기 때문이다. 파크골프도 마찬가지다.

K-ParkGolf는 단순한 경기 형식이 아니다. 18홀 기준 60~90분 내외의 짧고 밀도 높은 운동, 커뮤니티 속의 대화와 연결, 자연 속 일상적인 몰입, 그리고 반복 가능한 '루틴 프로그램'. 한국은 이 조합을 통해 파크골프를 실버 세대의 생활운동이자 라이프스타일 콘텐츠로 만들었다.

이런 한국형 파크골프의 진화는 단순한 스포츠 수출이 아니라, K-라이프스타일의 확장이다. '짧고 재밌고 안전한 경기', '어르신과 가족이 함께 하는 플레이', '전문성 있는 직업 진입 가능성'까지 갖춘 구조. 이 모두가 'K-ParkGolf'라는 이름 아래 세계로 수출될 수 있다.

K-ParkGolf는 짧고 간단해서 반복 가능하고, 반복되면 산업이 된다. 한국형 파크골프는 이미 문화이자 생활이며, 이 생활은 수출 가능한 콘텐츠다.

미국 시니어 커뮤니티와의 접점 전략

미국은 준비돼 있다. 고령화, 커뮤니티 중심 문화, 프로그램 수요, 골프 대체 콘텐츠의 필요—all set. 이제 필요한 건 K-ParkGolf라는 해답이다.

미국의 시니어 커뮤니티는 매우 조직적이다. 커뮤니티 칼리지, 시니어 전용 타운, 공원국 주도의 활동 등이 일주일 단위로 세밀하게 편성된다. 이 구조 안에서 파크골프는 '가볍게 시작해서 오래 가는 프로그램'으로 자리잡을 수 있다.

K-ParkGolf의 '3·3·3 구성(Par3, Par4, Par5 각 3홀)'은 미국 커뮤니티 시설에서도 쉽게 조성 가능하며, 운영 매뉴얼·참가 동의·책임 문서(COI)·지도자 교육까지 준비된 한국형 운영 패키지는 신뢰성과 실행력을 갖췄다.

미국의 대형 골프 운영사 Troon은 짧은 형식의 대체 스포츠, 지방자치단체 위탁 프로그램, 복합형 시설 내 파크골프 도입에 큰 관심을 보이고 있으며, 실제 계약과 보도, 파일럿 운영을 검토하고 있다. 이는 우리가 미국을 통해 전 세계 시장으로 연결되는 기반이 될 수 있음을 의미한다.

K-ParkGolf는 미국의 시니어 커뮤니티에 꼭 맞는 퍼즐 조각이다. 시설은 이미 있고, 니즈는 커지고 있으며, 우리는 실행 매뉴얼을 가지고 있다

일본-한국-동남아를 잇는 한민족 연결 전략

글로벌 파크골프의 핵은 아시아다. 일본은 문화적 선진국, 동남아는 한류 친화적 기반, 그리고 한국은 기획·운영력으로 중추가 될 수 있다.

일본은 파크골프의 발상지이지만, 오랫동안 '레크리에이션' 중심으로 확장성이 제한되었다. 그러나 2025년, 일본파크골프협회가 일본스포츠회(JSPO)의 준가맹단체로 편입되며 제도적 기반이 생겼다. 경기 품질, 중계 시스템, 교육 인프라가 결합된 프로 파크골프로서의 진입은 충분히 실현 가능하다.

이 진입은 한국 단독보다 미국 파트너를 앞세운 우회 진입이 효과적이다. 일본 공공기관은 미국식 문서체계(계약서, 보험, 운영 체크리스트)에 익숙하므로, 미국-한국 연합 방식으로 진출 시 빠른 심사, 대관, 스폰서 확보가 가능해진다.

동남아(태국, 베트남, 라오스, 필리핀)는 이미 한국 시니어를 중심으로 한 웰니스 관광 인프라가 잘 조성되어 있다. 다만, 파크골프의 제도적 인프라는 부족하므로 '시설'이 아닌 '운영과 교육'부터 진출하는 전략이 필요하다. 체험-기초 교육-주간 리그의 단계적 확산이 핵심이다.

한국은 아시아 파크골프의 연결자다. 미국과의 연합으로 일본에 들어가고, 운영력으로 동남아를 리드하며, 글로벌 스탠다드를 구축한다.

5부
사람, 이야기, 그리고 나

1999년, 일본 후쿠오카의 한 공원. 작은 채와 공, 그리고 잔디 위를 걸어 다니는 사람들. 처음엔 그저 평범한 풍경처럼 보였다. 그러나 그곳에는 나를 붙잡는 묘한 힘이 있었다. 아이와 노인, 남자와 여자가 함께 웃고, 걸으며, 치고, 또 이야기를 나누는 그 장면은 내 삶의 방향을 송두리째 바꾸어 놓았다. 그날 이후 파크골프는 단순한 스포츠가 아닌, 내가 평생을 걸어야 할 길이 되었다.

그 길은 결코 짧지 않았다. 한국에서 씨앗이 제대로 싹을 틔우기까지는 오랜 기다림이 필요했다. 마침내 2022년, 한국에서도 본격적인 첫걸음을 내딛으며 파크골프는 단순한 취미를 넘어 하나의 문화, 산업, 그리고 삶의 방식으로 자리잡기 시작했다. 나 역시 그 한가운데에서 수많은 사람들의 희로애락을 함께 겪으며 오늘에 이르렀다.

이제 5부에서는 조금 더 인간적인 이야기를 하고자 한다. 정책이나 제도의 기록이 아니라, 그 속에 숨어 있는 사람들의 숨결과 나의 고독한 발자국들이다. 파크골프를 통해 웃음을 되찾은 이들의 얼굴, 작은 마을을 살려보겠다며 뛰어든 사람들의 땀, 그리고 때로는 무너질 듯 흔들리던 나의 시간까지—모두가 이 여정의 진짜 기록이다.

어쩌면 누군가에게 파크골프는 그저 잔디 위의 놀이일지도 모른다. 그러나 다른 누군가에게는 삶을 붙잡아 주는 끈이었고, 나에게는 지난 20여 년을 지탱해온 운명이었다. 이제 그 사연들과 내 기록을, 독자 여러분께 들려주려 한다.

17.
사람을 바꾸는 파크골프—감동의 현장

치유와 회복의 이야기 - 다시 찾게 된 웃음

서울 송파구의 한 파크골프장. 아침 햇살이 부드럽게 잔디 위를 덮자 김미자(이하 가명) 씨가 작은 가방을 메고 들어섰다. 몇 해 전만 해도 그녀는 하루 대부분을 집 안에서 보냈다. 남편의 은퇴, 아이들의 독립 이후 텅 빈 집은 쉼터가 아니라 감옥 같았다. 폐경 이후 찾아온 우울감은 더 깊어졌고, "오늘 하루도 버텨야 한다"는 생각뿐이었다.

전환점은 친구의 권유였다. "같이 파크골프장에 나가 보자"는 말에 처음에는 고개를 저었다. 하지만 억지로 따라간 날, 그녀는 뜻밖의 경험을 했다. 서툴게 휘두른 공이 홀 근처에 멈추자 옆에서 구경하던 사람들이 손뼉을 쳤다. 그 순간, 잊고 있던 웃음이 터져 나왔다.

지금의 일상은 달라졌다. 아침에 눈을 뜨면 '오늘은 몇 타를 줄일 수 있을까' 기대하며 집을 나선다. 구장에서는 같은 또래 여성들과 서로의 스코어를 확인하며 웃는다. 함께 걷는 18홀의 시간이 그녀에게는 최고의 치료다. "집안일에 지쳐 있던 제가 다시 설레며 하루를 시작할 줄은 몰랐습니다. 파크골프는 제게 새로운 약이고, 새로운 세상이에요."

김 씨의 발걸음은 여전히 느리지만, 표정은 환하다. 작은 공 하나가 그녀의 삶을 바꾸어 놓았다. 파크골프는 그저 운동이 아니라, 우울을 걷어내고 삶을 다시 빛나게 한 새로운 희망의 이름이었다.

세대의 벽을 넘다―모녀와 손자의 연결고리

경기도 용인의 한 파크골프장. 김선영 씨는 70대 노모와 초등학생 손자의 손을 잡고 구장을 찾는다. 세대 간 대화가 줄어들며 가족이 따로 사는 듯한 느낌이 강해졌던 시절, 파크골프는 그들의 '만남의 다리'가 됐다.

딸은 어머니에게 전화를 걸어 늘 묻는다. "엄마, 요즘 어떻게 지내세요?" 그 목소리에는 늘 걱정이 묻어난다. 어머니는 늘 같은 대답을 하셨지만, 사실 속으로는 외로움이 깊었다.

하지만 파크골프장에서 함께 걷고 공을 치는 순간, 세 사람은 더 이상 세대가 달라 어색한 가족이 아니었다. 손자는 공이 홀에 들어가면 할머니와 하이파이브를 나누었고, 딸은 그 모습을 지켜보며 눈시울이 붉어졌다. "예전에는 엄마와 대화가 줄었는데, 이제는 파크골프 이야기로 늘 전화 통화를 이어갑니다. 우리 가족의 대화가 다시 살아난 거죠."

모녀와 손자는 이제 주말이면 늘 구장에서 만난다. 파크골프는 그들에게 단순한 스포츠가 아니라, 세대 간의 끊어진 시간을 다시 이어주는 고리가 되었다.

새로운 꿈을 꾸다―장애를 넘어선 새 도전

한때 교통사고로 다리를 다친 정호성 씨는 휠체어 생활을 해야 했다. 그는 스스로를 '사회에서 밀려난 사람'이라 생각하며 문밖출입을 꺼렸다. 하지만 복지관에서 열린 파크골프 프로그램은 그의 삶을 바꿔놓았다.

처음 잡은 클럽은 낯설고 무거웠다. 하지만 지도자의 격려 속에 첫 샷을 날렸을 때, 그는 눈물이 났다. 공이 그저 잔디 위를 굴러간 것뿐이었지만, 자신이 다시 세상과 연결되었다는 감각을 느낀 순간이었다.

정 씨는 꾸준히 연습을 이어갔고, 지역 장애인 파크골프대회에서 우승까지 차지했다. "장애가 있어도 꿈은 꿀 수 있다"는 말을 몸소 증명한 것이다. 그는 지금 후배 장애인들에게 파크골프를 가르치며 새로운 길을 열어주고 있다.

"저는 파크골프를 통해 두 번째 인생을 살게 됐습니다. 이제는 저 같은 사람들에게 희망을 나눠주고 싶습니다."

은퇴 후의 인생 2막—사람과 사람이 만나는 시간

한때 대기업 임원이었던 최영호 씨는 은퇴 후 깊은 허무감에 빠졌다. 수십 년간 직함과 성과로 살아왔던 그는 어느 날부터 '나는 누구인가'라는 질문에 답할 수 없게 되었다.

그러다 우연히 파크골프를 접했다. 처음엔 운동이 목적이었지만, 곧 동호회 운영을 맡으며 제2의 리더십을 발휘하게 됐다. 회원들의 경기 일정을 조율하고, 대회를 준비하면서 그는 다시 살아있음을 느꼈다.

"회사에서의 리더십과는 달랐습니다. 여기는 성과가 아니라 사람과 사람의 관계가 중심이었죠."

그는 이제 "파크골프가 내게 준 가장 큰 선물은 삶의 두 번째 주제"라고 말한다. 공 하나가 그의 은퇴 후 인생을 새롭게 열어준 셈이다.

화천, 파크골프로 하나 된 마을

강원도 화천은 '파크골프의 고장'이라 불릴 만큼 이 작은 스포츠가 군민들의 삶 깊숙이 들어와 있다. 그 중심에는 최문순 화천군수가 있다. 그는 단순히 행정가로서 인프라를 확충한 것이 아니라, 스스로 매일 클럽을 잡고 동호인들과 함께 라운드를 돌면서 파크골프가 군민의 생활 속에 뿌리내리도록 앞장섰다.

군수의 이런 모습은 지역 사회에 큰 울림을 주었다. "군수님이 나오니까 우리도 안 나올 수 없지." 화천 주민들은 그렇게 하나둘 모여들었다. 파크골프장은 어느새 단순한 스포츠 공간을 넘어, 화천을 찾는 외지인들을 맞이하는 열린 마당이 되었다. 서울과 수도권에서 온 관광객들은 '자연 속 힐링과 파크골프'를 함께 즐기고, 동호인들은 매년 열리는 대회와 교류전을 통해 화천의 경제에도 활기를 불어넣는다.

특히 주목할 만한 점은, 파크골프가 지역공동체를 다시 일으켜 세웠다는 사실이다. 오랜 세월 농사를 지으며 흩어져 지내던 마을 어르신들이 파크골프를 통해 다시 모이고, 함께 웃으며 하루를 보내게 되었다. 동네 사랑방이 사라지고 관계가 점점 느슨해지던 농촌의 현실 속에서, 파크골프장은 다시금 이웃을 묶어주는 마중물이 된 셈이다.

이제 화천에서는 군민 누구나 "우리 군수님이 먼저 하는 운동"이라며 자부심을 느낀다. 실제로 많은 주민이 "파크골프가 없었으면 이렇게 매일 밖에 나와 사람들을 만날 기회도 없었을 것"이라고 말한다. 그만큼 파크골프는 화천의 새로운 생활 문화이자, 사람과 사람을 잇는 다리가 되었다.

엘리트 선수의 새로운 무대

한때 하키 선수로 활약했던 조은정 씨는 은퇴 후 전업주부로 살아가며 '운동선수였던 자신'을 잊고 지냈다. 하지만 파크골프를 접한 순간, 다시 선수 시절의 열정이 되살아났다. 파크골프를 꾸준히 훈련한 끝에, 최근 몇 년 사이 전국대회에서 우승과 MVP를 차지하며 또다시 주목받았다.

"종목은 달라졌지만, 땀 흘리며 준비하는 마음은 똑같아요. 파크골프가 제 인생 2막을 열어줬습니다." 조 씨는 여전히 운동선수다운 눈빛으로 말했다.

은퇴 부부의 전국 투어

서울에서 은퇴한 박 씨 부부는 오랜 꿈을 따라 '파크골프 전국 투어'를 시작했다. 낡지만 든든한 캠핑카에 짐을 싣고, 계절 따라 전국의 파크골프장을 찾아다니는 것이 이제 두 사람의 일상이 되었다. 골프채와 공만이 아니라, 소소한 식재료와 작은 카메라도 꼭 챙긴다. 유튜브에 올리는 여행 기록은 단순한 영상이 아니라, 서로의 웃음과 다툼, 그리고 화해까지 담아낸 살아 있는 부부의 일기장이기 때문이다.

"라운드를 돌다 보면 참 신기해요. 싸울 틈이 없어요. 공이 잘 굴러가면 함께 웃고, 실수하면 또 같이 웃죠. 그게 우리 부부가 다시 손을 꼭 잡게 한 힘이에요."

어쩌면 이 부부에게 파크골프는 운동 이상의 의미다. 오랜 세월 일과 자녀 양육에 치여 미처 다 쓰지 못했던 '두 번째 신혼일기'를 써 내려가는 과정이자, 서로를 다시 바라보게 한 새로운 시작이다. 두 사람의 여행기는 단지 유튜브 구독자들에게만 전해지는 것이 아니라, 삶을 새롭게 꾸려가려는 이들에게 따뜻한 위로와 간절한 용기를 건네고 있다.

홀로 남은 어르신들의 위로

남편을 먼저 떠나보낸 이 여사는 오랫동안 집안에만 머물렀다. 거실 소파에 앉아 시계만 바라보다 하루가 지나고, TV를 켜도 웃음은 커녕 눈물이 먼저 나왔다. 전화벨 소리마저 낯설게 들릴 만큼 사람과의 관계가 끊기자, 외로움은 곧 몸의 병이 되어 나타났다. 잠을 못 이루고, 밥맛이 떨어지며, 사소한 통증에도 마음이 무너졌다.

그런 이 여사를 일으켜 세운 것은 다름 아닌 파크골프였다. 마을 친구가 "밖에 나와서 같이 걸어보자"라며 데려간 것이 계기였다. 처음에는 어색했지만, 막상 공을 치다 보니 웃음이 터졌다. 공이 굴러가는 소리에 옆 사람과 눈을 마주치고, 실수에도 박장대소하며 함께 어울리다 보니 마음의 문이 조금씩 열렸다.

이제 이 여사는 매일 아침 파크골프장으로 나선다. 운동을 하며 땀을 흘리고, 끝나고 나서는 따뜻한 차 한 잔을 나누는 일상이 이어진다. "집에 있으면 생각이 많아져요. 그런데 여기 나오면 그런 걱정이 사라집니다." 그녀의 미소 속에는 삶을 다시 붙잡은 힘이 담겨 있다.

많은 이들이 말한다. 모든 병의 시작은 '외로움'과 '고립'에서 비롯된다고. 집에만 머물면 마음은 점점 움츠러들고, 몸의 병까지 불러온다. 그러나 파크골프는 사람을 집 밖으로 불러내고, 함께 웃게 하고, 삶의 리듬을 되찾게 한다. 이 여사의 회복은 단순히 한 사람의 변화가 아니라, 파크골프가 사회적으로 가진 '치유의 힘'을 증명해 주는 살아 있는 사례다.

"엄마, 요즘 뭐 하세요?"

많은 자식들이 부모에게 전화를 걸면 언제나 똑같은 질문으로 시작한다. "밥은 드셨어요?" "건강은 괜찮으세요?" 자식들의 관심은 늘 부모의 일상과 건강에 맞춰져 있었다. 그러나 그 속마음은 하나였다. '혹시 외롭진 않으실까? 하루 종일 집에만 계시는 건 아닐까?'

하지만 어느 날, 이 대화의 흐름이 달라졌다. "엄마, 요즘 어떻게 지내세요?" "아이구, 나 지금 바빠. 파크골프 나가야 해서 얼른 끊어야겠다."

처음에는 자식들이 웃음을 터뜨렸다. 하지만 곧 마음이 놓였다. 예전 같으면 적막한 집안에 계셨을 엄마가 이제는 매일 누군가를 만나 웃고 떠들며, 햇살을 받으며 운동을 한다니 더 바랄 게 없었다. 전화기 너머로 들려오는 활기찬 목소리와 파크골프장에서 터져 나오는 웃음소리는 자식들에게 무엇보다 큰 안심이었다.

일상의 변화는 단순한 운동 참여 이상의 의미를 지닌다. 부모 세대가 '외로움'이라는 보이지 않는 병에서 벗어나 스스로 삶의 활력을 되찾았다는 증거이기 때문이다. 실제로 많은 전문가들은 고령층의 질병 상당수가 외로움과 무기력에서 비롯된다고 지적한다. 집안에 머무르며 쓸쓸히 지내는 것보다, 바깥으로 나와 함께 어울리고 몸을 움직이는 것이 최고의 예방책이다.

파크골프는 바로 그 해답을 제공한다. 기술적 난이도가 낮아 쉽게 배울 수 있고, 적은 비용으로 누구나 즐길 수 있으며, 무엇보다 사람과 사람을 연결해 주는 따뜻한 장이 되기 때문이다. 부모가 더 이상 자식에게 "심심하다", "허리가 아프다"라는 말을 하지 않고, 대신 "오늘은 누구랑 라운드를 돌았다"라고 말하는 순간, 가족의 걱정은 줄고 대화의 온기는 더욱 깊어진다.

결국 이 이야기는 현대사회의 중요한 메시지를 담고 있다. 부모의 건강은 단순히 병원 수치에 있는 것이 아니라, 웃고 떠들며 살아가는 일상 속에서 지켜진다. 그리고 파크골프는 그 일상을 지켜주는 가장 든든한 친구이자, 가족에게는 최고의 안심이 된다.

암을 이겨낸 그녀의 미소

최은자 씨는 몇 년 전, 암 선고를 받았을 때 세상이 무너지는 듯했다. 긴 투병 끝에 병은 이겨냈지만, 몸과 마음은 텅 비어버린 듯했다. 웃음도, 설렘도 사라져버린 일상 속에서 그녀는 자신을 '환자'로만 여기며 살아가고 있었다.

그런 그녀를 지인이 억지로 파크골프장에 데려갔다. 처음 잡은 클럽은 낯설었지만, 공이 곧게 뻗어나가는 순간 눈물이 왈칵 쏟아졌다. 그 작은 공이 그녀의 마음속 깊이 쌓인 두려움과 상처를 함께 날려버린 것이다.

지금의 최 씨는 누구보다 열정적인 파크골퍼다. 새벽이면 가장 먼저 클럽을 챙기고, 코스 위에서는 환한 웃음으로 동료들과 어울린다. 그녀는 말한다. "나는 이제 환자가 아니에요. 파크골프 선수예요."

그 미소 속에는 단순한 '건강 회복'이 아닌 '삶의 회복'이 담겨 있다. 파크골프는 그녀에게 단순한 운동이 아니라, 다시 살아가고 싶다는 용기를 되찾아준 새로운 삶의 무대였다.

여성들의 새로운 삶

한때 자식 뒷바라지와 살림에 매여 있던 여성들이 있다. 가정과 사회에서 늘 '누군가의 어머니, 아내'로 불리던 그들이지만, 이제는

파크골프장에서 자기 이름으로 불리고, 동반자로 존중받는다.

이들에게 파크골프는 단순한 운동이 아니다. 경기보다 함께 걷는 시간이 더 소중하고, 웃음과 대화가 생활의 활력소가 된다. 누군가는 폐경 이후 찾아온 깊은 우울감을 파크골프로 이겨냈고, 또 다른 이는 가족과의 갈등으로 지쳐 있던 마음을 다시 열었다. "이제는 내 이름을 불러주는 사람들이 있어요." 한 참가자의 이 말은, 파크골프가 여성들에게 '존재의 회복'을 선물하고 있음을 보여준다.

실제로 파크골프 인구의 약 65%가 여성이다. 그렇다면 나이가 든 여성이 잘할 수 있는 것은 무엇일까? 그것은 바로 함께하는 힘이다. 여성들은 경쟁보다도 배려와 교감을 중시한다. 공이 굴러가는 소리를 들으며 천천히 걷는 그 시간 속에서, 그들은 서로의 이야기를 들어주고, 웃음을 나누고, 위로를 건넨다. 이 '함께함의 문화'는 파크골프장을 단순한 운동 공간이 아니라, 여성들의 새로운 삶의 무대로 바꾸고 있다.

파크골프는 체력적으로 큰 무리가 가지 않으면서도 집중력, 꾸준함, 그리고 섬세함을 요구한다. 바로 이 점이 나이가 든 여성들에게 최적화된 종목이다. 세월이 쌓아온 인내심과 생활에서 다져온 세심함이 경기력으로 이어지고, 그 속에서 성취감과 자존감이 자라난다. 무엇보다도 중요한 것은, 파크골프가 여성들에게 "나는 아직 충분히 할 수 있다"는 자신감을 되찾아준다는 점이다.

'마지막 선물'—잊지 못할 부부의 한마디

최초의 파크골프장인 여의도에서 만난 한 부부가 있었다. 아내 박영자 씨는 치매 초기 증세로 일상에서 웃음을 잃어가던 때였다. 하지만 공을 칠 때마다 아이처럼 환하게 웃었고, 그 모습은 주변을 뭉클하게 했다. "오늘은 내가 이겼네." 아내의 말에 남편은 눈시울을 붉히며 이렇게 고백했다.

"선생님, 이 운동이 우리 인생의 마지막 선물 같습니다."

그 순간 나는 알았다. 파크골프는 단순한 운동이 아니라, 누군가의 삶을 지켜내고 마지막 순간까지 웃음을 되찾게 해주는 힘이라는 것을. 이 경험은 내게 큰 책임감을 남겼다.

파크골프를 더 많은 사람들에게 전하는 일이 단순한 스포츠 보급을 넘어, 사람의 존엄과 행복을 지켜내는 사명이라는 것을 다시 깨닫게 된 것이다.

파크골프, 사람을 지키는 힘

파크골프는 단순히 스포츠가 아니다. 누군가에게는 잃어버린 웃음을 되찾게 해주고, 누군가에게는 삶의 마지막 순간을 함께하는 선물이 된다. 여성들은 오랜 세월 가족을 위해 헌신하다가 파크골프장에서 다시 이름을 불려주며 새로운 삶을 발견한다. 고독에 갇혔던 이들은 함께 걷고 공을 굴리며 동반자가 되고, 병마와 싸우던 이들은 아이처럼 환한 웃음을 되찾는다.

숫자로만 본다면, 지금 우리나라 파크골프 인구의 65%가 여성이고, 20만 명이 등록 회원이며 약 50만 명이 즐기는 생활 스포츠다. 그러나 그 속을 들여다보면, 이는 단순한 동호인 집단이 아니라 '삶을 다시 시작하는 사람들'의 이야기다.

이제 파크골프는 단순한 여가를 넘어서 사회적 가치와 정책적 자원을 연결하는 다리가 되어야 한다. 고령화 사회의 의료비 부담을 덜고, 세대와 세대를 이어주며, 지역 경제와 관광을 살려내는 미래 산업의 기반이 될 수 있다. 나아가 K-파크골프는 K-라이프스타일로 자리잡아 한국이 전 세계에 전할 수 있는 새로운 문화 콘텐츠가 될 것이다.

그러므로 우리의 책임은 분명하다. 파크골프를 즐거운 취미로만 머물게 하지 말고, 한 사람의 존엄과 삶을 지켜내는 사회적 힘으로 성장시켜야 한다는 것. 그 과정에서 우리는 새로운 산업, 새로운 공동체, 그리고 새로운 희망을 만들어낼 수 있다.

결국 파크골프는 공이 굴러가는 그 짧은 순간마다 사람을 이어주고, 삶을 지켜내며, 내일을 살아갈 이유를 선물한다. 그리고 그것이야말로 내가 파크골프에 인생을 걸고 싶은 이유다.

● 셀럽 특별 사례

권민중, 파크골프에서 찾은 새로운 무대

'부모와 자식이 함께 즐길 수 있는 게 무엇일까?'라고 생각했을 때, 파크골프가 바로 그 답이 되었다. 이 경험은 평생 잊지 못할 소중한 추억이다. ─권민중(영화배우, 미스코리아)

저는 골프 경험이 전혀 없었습니다. 미스코리아가 된 이후 골프를 배울 기회는 여러 번 있었지만, 학교와 일로 늘 바빴고 무엇보다 기구를 사용하는 스포츠를 좋아하지 않아서 관심조차 두지 않았습니다.

미스코리아 선배이자 친한 언니인 김인영 단장님에게 파크골프단 창단 멤버 제의를 받아서 함께 파크골프를 시작하게 되었습니다. 주변에서는 여전히 "왜 골프 대신 파크골프냐"라는 반응도 있었지만, 저는 오히려 배우기 쉽고 접근하기 좋은 파크골프가 더 끌렸습니다.

사실 처음에는 파크골프가 어떤 운동인지도 잘 몰랐습니다. 주변에서 "어르신들이 하는 운동 아니냐" 하며 실버세대 운동으로 보는 시선도 있었고, 솔직히 저도 반신반의했죠. 그런데 막상 직접 해보니 의외로 재미있었습니다. 공에 맞을 때 나는 '톡' 소리의 쾌감, 그리고 혼자 하는 운동과 달리 함께 웃고 대화하면서 즐길 수 있다는 점도 있지만 볼을 치는 순간은 오롯이 나에게만 집중하는 모멘트가 있어서 저를 더 사로잡았습니다. 또, 파크골프는 단순히 새로운 운동이 아니라, 제가 잊고 있던 사람들과의 교류와  배움의 기쁨을 되찾게 해주었습니다.

특히 아버지와 함께했던 경험은 제게 정말 특별했습니다. 아버지는 축구 같은 운동만 하시던 분이었는데, 방송을 계기로 처음으로 저와 파크골프를 치게 되셨어요. 제가 아버지께 직접 가르쳐드렸는데, 아버지는 열심히 배우셨고 "운동이 된다"며 무척 즐거워하셨습니다. 늘 아버지가 자식들에게 무언가를 가르쳐주시던 입장이었는데, 이번에는 제가 아버지를 가르쳐드리며 함께 시간을 보냈습니다. '부모와 자식이 함께 즐길 수 있는 게 무엇일까?'라고 생각했을 때, 파크골프가 바로 그 답이 되었습니다. 이 경험은 평생 잊지 못할 소중한 추억이 되었습니다.

지금 저는 프로 파크골프 테스트에도 도전장을 냈습니다. 사실 저는 수많은 도전자 중 한 명에 불과합니다. 배우라는 본업 때문에 바쁜 일정을 쪼개 연습하다 보니 100% 전념하기는 어렵습니다. 하지만 욕심내지 않고, 그 과정 자체를 의미 있는 경험으로 삼고 싶습니다. 혹시 결과가 기대에 못 미치더라도 후회하지 않을 겁니다. 오히려 내년에는 더 단단하게 준비해서 다시 도전할 생각입니다. 인생에서 중요한 건 성적표가 아니라 끝까지 도전하는 태도라는 걸 파크골프를 통해 배우고 있습니다.

저는 원래 방송도 200% 완벽하지 않으면 하지 않는 성격입니다. 그래서 지금까지 '사이드 잡' 같은 건 해본 적이 없어요. 하지만 파크골프는 조금 다릅니다. 취미가 직업으로 이어진다면, 그건 정말 행복한 일일 겁니다. 언젠가 누군가를 가르치고 함께 즐길 수 있다면, 그것만으로도 제 인생의 또 다른 선물이 될 거라고 생각합니다.

무엇보다 파크골프를 통해 느낀 가장 큰 깨달음은 나이에 대한 편견을 버려야 한다는 것입니다. 젊은 사람들이 모인 곳에 어른들이 가면 괜히 눈치 보게 되듯, 파크골프장에서도 반대로 "젊은 사람이 여기 왜 왔니?"라는 말을 들은 적이 있습니다. 하지만 저는 파크골프야말로 나이에 상관없이 누구나 즐길 수 있는 운동이라고 믿습니다. 그래서 미스코리아 출신으로서 사람들에게 편견 없는 분위기를 만들어주고 싶습니다.

저는 이제 51세입니다. 제 또래 친구들을 보면 아이들과 남편 뒷바라지가 끝난 뒤 허무감과 우울증을 겪는 경우가 많습니다. 그래서 미리 운동을 시작하는 경우도 있는데, 테니스 같은 운동은 체력 소모가 크고 부상 위험도 있습니다. 반면 파크골프는 자연 속에서 걷고, 대화하고, 웃을 수 있는 운동입니다. 무엇보다 비용이나 시간의 부담이 크지 않아 자기 자신에게 투자하기에 너무나 좋은 선택입니다. 여성들은 내면이 밝아지면 얼굴도 자연스럽게 예뻐지잖아요. 파크골프는 바로 그런 변화를 만들어주는 운동입니다.

얼마 전에는 인생 첫 홀인원을 하는 순간 어린 아이처럼 잔디 위를 폴짝폴짝 뛰었던 그 순간은 지금도 생생합니다. 단순한 공 하나가 홀에 들어갔을 뿐인데, 그 감동은 이루 말할 수 없었습니다. 아마 그때 느낀 짜릿함 때문에 더 깊이 빠져든 것 같습니다.

• 셀럽 특별 사례

강월석, 파크골프와 함께한 인생 2막

파크골프는 봉사의 무대이자 성취의 장이 되었고, 동시에 건강하고 당당한 노후를 살아갈 힘이 되었다. "파크골프는 나를 어르신으로만 머물게 하지 않고, 여전히 도전하고 성장하는 사람으로 만들어주었다."

—강월석(스타 강사, 노인복지학 교수)

처음 파크골프라는 이야기를 들었을 때 저는 솔직히 큰 기대를 하지 않았습니다. 당시 대가족과 함께 살고 있었고, 노인복지학을 전공한 사람으로서 "3대가 함께 즐길 수 있는 가족 스포츠"라는 말에 귀가 솔깃하기는 했지만, 제가 직접 빠져들 줄은 상상도 못했습니다.

이전에는 파크골프라는 종목을 한 번도 들어본 적이 없었습니다. 저는 영어교육과 노인복지학을 가르치는 학교 현장에서만 있었던 사람인데, 어느 날 제가 이 새로운 체육 종목을 알리고 홍보하는 자리에 서게 될 줄은 상상도 못했지요. 솔직히 처음에는 동네 어르신들이 즐기는 게이트볼 정도로만 생각했습니다. 그래서 과연 신노년층에게 운동 효과가 있을까, 정말 도움이 될까 하는 의심도 들었습니다.

강남파크골프협회 설립 당시, 전영창 서울시 부회장과 장성해 사무국장의 권유로 서울시에서 여섯 번째로 강남구파크골프협회를 창립하게 되었습니다. 협회를 세우고 나니 가장 시급한 일은 종목을 알리고 회원을 확보하는 일이었습니다. 당시 서울에는 송파 잠실구장, 상암 월드컵구장, 여의도구장, 이렇게 단 세 곳뿐이었기 때문에 라운딩을 하려면 양평, 동탄, 가평까지 나가야 했습니다. 그래서 저는 회원들을 위해 강남구청과 서울시에 구장 건설을 청원하는 일을 제 두 번째 사명으로 삼았습니다.

천 명이 넘는 서명지를 세 차례나 제출하는 동안 강남구청장이 세 번이나 바뀌기도 했습니다. 쉽지 않은 과정이었지만 결국 9년 만에 27홀 규모의 멋진 강남탄천파크골프장이 완공되었습니다. 그 순간의 기쁨은 이루 말할 수 없었습니다. 이제는 최고의 시설을 갖춘 구장과 함께 회원들의 실력까지 크게 향상되어, 강남협회가 명실공히 대표적인 협회로 자리매김하게 된 것을 무척 자랑스럽게 생각합니다.

이 과정에서 가장 큰 변화는 제 남편이었습니다. 파크골프를 처음에는 가볍게 여기고 거들떠보지도 않던 사람이었는데, 제가 전국대회 출전을 권유하자 마지못해 나가게 되었지요. 결과는 65등. 기대와 달리 낮은 성적을 받아든 남편은 큰 충격을 받았습니다. 그 뒤로는 오히려 자존심이 발동한 듯 열심히 연습했고, 협회 대표선수가 될 만큼 기량을 키웠습니다. 지금은 골프를 완전히 접고 전국 무대를 누비는 파크골프 선수로 활동합니다. 지도자와 심판 자격을 취득하고 경기위원장과 클럽장으로 봉사까지 하고 있으니, 함께하는 제 입장에서도 무척 자랑스럽습니다. 무엇보다 부부가 함께 전국부부대회에 출전하고, 국내외 투어를 다니면서 친구들에게 '부러운 파크골프 부부'라는 말을 듣게 된 것도 큰 기쁨입니다.

저는 61세에 파크골프를 처음 만났습니다. 그때는 노인복지학자로서 어르신들이 질병에서 벗어나고 외롭지 않게, 동반자들과 즐겁게 살아가도록 돕고 싶다는 마음이 컸습니다. 그런데 어느새 저 자신이 그 어르신이 되어 있더군요. 돌이켜보면 수많은 운동 중에 파크골프를 선택한 것은 제 인생 최고의 선택이었습니다. 협회장으로 봉사하면서 동시에 실력을 닦아 대표선수로도 뛰었고, 지금도 신체적·정신적으로 건강을 유지하며 지도자 연수와 체육회 활동까지 이어가고 있습니다. 노후설계와 자아실현, 두 마리 토끼를 다 잡을 수 있었던 것은 모두 파크골프 덕분입니다.

저는 확신합니다. 파크골프는 노화로 인한 질병과 빈둥지로 생기는 외로움을 극복하기에 가장 적절한 운동입니다. 무엇보다 매너를 중시하는 스포츠이기에, 파크골프를 하다 보면 저절로 주위에 선한 영향력을 끼치는 멋진 어르신으로 거듭나게 됩니다. 그리고 그 길을 저도 지금 걷고 있습니다.

• 셀럽 특별 사례

배동성, 파크골프 전도사로 서다

"파크골프는 내게 단순한 취미가 아닌 인생의 새로운 직업이자 사명이다. 홍보대사를 넘어, 전 세계에 이 문화를 전하는 전도사로 살고 싶다." — 배동성(개그맨, 가수)

작년 6월 양평 마라톤을 계기로 우연히 파크골프를 처음 접하게 되었습니다. 지인의 권유에 호기심으로 나가본 필드에서 아내와 함께 채를 빌려 18홀을 돌았는데, 그 재미는 지금도 잊을 수 없을 정도로 특별한 추억이었습니다. 클럽 하나로 즐기는 묘한 매력에 단번에 빠져들었고, 그날 라운딩이 끝나자마자 아내가 장비를 세트로 구입할 정도였지요.

제가 운동을 좋아하지 않았다면 시도조차 하지 않았을 것입니다. 하지만 원래 골프를 좋아했던 터라 "파크골프도 새로운 맛이 있지 않을까" 하는 호기심이 있었지요. 막상 해보니 예상보다 훨씬 더 즐겁고 신선했습니다. 그렇게 나의 파크골프 인생이 시작되었습니다.

이후 전라도, 경기도, 서울에서 동시에 대표와 홍보대사 제안이 들어오며 웃지 못할 해프닝도 겪었지요. 결국 경기도 홍보대사가 되었고, 운좋게도 곧바로 우승까지 거머쥐며 빠르게 이름을 알리게 되었습니다.

무엇보다 아내와 함께할 수 있는 운동을 갖게 된 것이 가장 큰 변화였습니다. 예전에는 각자 모임이 따로 있었고, 골프는 예약과 이동이 번거로워 함께하기가 쉽지 않았습니다. 하지만 파크골프는 가까운 코스만 있으면 언제든 함께 나갈 수 있었습니다. 같이 걷고, 웃고, 땀 흘리면서 부부로서의 건강과 활기를 동시에 얻을 수 있었지요.

잇따른 우승도 잊을 수 없다. 입문 한 달 만에 스크린 파크골프대회에서 첫 우승을 차지했고, 두 달 만에는 서울 동작구청장배에서 정상에 올랐습니다. 석 달째에는 전국 연예인·지자체 대회에서 또다시 우승을 거머쥐며 파크골프계의 샛별로 떠오르게 되었습니다.

특히 그 대회에서 경기도가 처음으로 전국 우승을 차지했다는 사실은 나중에야 알았는데, 그만큼 더 뜻깊은 순간이었습니다. 지금도 협회 센터에 전시된 그 트로피는 내가 받아온 수많은 상패 가운데 가장 크고, 가장 특별한 보물입니다.

파크골프는 내게 새로운 도전의 길도 열어주었습니다. 바로 유튜브입니다. 원래 골프 유튜브를 해보라는 제안은 망설였지만, 파크골프만은 자신감이 생겼습니다. "이건 내가 1등 할 수 있겠다"는 확신으로 시작한 유튜브는 큰 반응을 얻었고, 대회장에 가면 아이돌처럼 반겨주시는 팬들까지 생기게 되었습니다. 나는 스스로를 단순한 홍보대사가 아닌, 파크골프의 전도사라고 부릅니다.

이제 파크골프는 더 이상 취미가 아닙니다. 내 인생의 또 다른 직업이자 새로운 사명이 되었습니다. 연예 활동을 하면서 늘 "언제까지 사람들이 나를 불러줄까" 고민했지만, 파크골프가 그 답을 주었습니다. 나이를 초월해 남녀노소 누구나 경쟁할 수 있는 운동, 그게 바로 파크골프인 것이지요.

지금 나의 꿈은 더 커졌습니다. 세계 곳곳에 제가 구상한 파크골프장을 하나씩 남기는 것입니다. 포천 한여울 코스를 보며 큰 자극을 받았고, 코스를 돌다 보면 다양한 아이디어가 떠오릅니다. 제가

5부 사람, 이야기, 그리고 나

직접 펜대를 잡는 디자이너가 아니어도 가능합니다. 저의 상상을 구현해줄 팀과 함께라면 충분합니다. 각 나라에 제 손길이 닿은 코스를 남기는 것이 저의 다음 목표입니다.

  마지막으로, 파크골프를 망설이는 이들에게 꼭 전하고 싶습니다. 무조건 해보시라. 생각만 하지 말고 직접 필드에 나가 쳐보시라. 장담하건대, '노인들의 운동'이라는 편견은 금세 사라질 것입니다. 몸으로 부딪쳐보면 파크골프야말로 내가 꼭 해야 할 운동이라는 걸 알게 될 것입니다. 부부와 함께, 가족과 함께, 누구와도 즐길 수 있는 이 운동은 인생을 건강하고 즐겁게 바꿔줄 것입니다.

18.
전영창, 파크골프와 함께 25년
―후쿠오카 공원에서 시작된 사명감

후쿠오카의 작은 공원, 나를 깨우다

1999년, 일본 후쿠오카. 나는 당시 조경관리 회사에서 일하며 공원 현장을 맡고 있었다. 어느 날, 평범해 보이던 공원에서 이상한 운동이 펼쳐지고 있었다. 긴 클럽 하나로 공을 치고, 가족처럼 모여 웃으며 걷는 사람들. '이게 뭐지?' 호기심이 발동했다.

그게 바로 내 인생을 바꿔놓은 파크골프였다. 골프도 아니고, 게이트볼도 아닌 낯선 운동. 그런데 이상했다. 모두가 너무나 행복해 보였다. 할머니가 손자의 손을 잡고, 어르신들이 초면에도 다정히 인사하며 함께 웃는 그 풍경은 나를 멈춰 서게 했다.

관리인이었던 나는 그저 공원을 돌보는 입장이었지만, 이 스포츠를 더 깊이 들여다보기 시작했다. "왜 이들은 이렇게 이 운동을 좋아하는가?" 시설은 단순했고, 입장료는 고작 100엔. 그런데 시민들은 매일 찾아와 공을 치며 웃고, 걸으며 건강해지고, 서로 친구가 되어

갔다.

그때 나는 느꼈다. 이 운동은 단순한 놀이가 아니라, 사람을 사람답게 이어주는 도구라는 걸. 어쩌면 우리나라에도 이 운동이 꼭 필요하겠다는 확신이 들었다. 그렇게, '파크골프를 한국에 꼭 심겠다'는 생각이 마음속에 자리 잡기 시작했다.

한강의 기적? 현실은 '문전박대'

귀국 후 나는 마음속 결심을 실천으로 옮기기 시작했다. 현대자동차 아산공장 조경공사 현장에서 소장으로 근무할 때, 나는 환경테마공원의 상징 요소로 파크골프장을 제안했다. 아직 한국엔 이 운동을 아는 사람도 없었지만, 나는 '미래를 내다본다'는 믿음 하나로 이 아이디어를 밀어붙였다.

그리고 결정적인 전환점이 있었다. 내 아버지이자, 평생을 조경 외길로 걸어온 고(故) 전우석 회장님이 그 뜻에 동참해주신 것이다. 아버지는 (주)천우조경을 경영하시던 2003년, 직접 일본의 파크골프재팬 나카무라 사장을 초청해 송파여성문화회관에서 첫 파크골프 세미나를 열었다.

그 후 무려 여섯 차례에 걸쳐 일본을 오가며 전문가들과 관계자들을 만나고 현장을 둘러보았다. 그리고 2003년 8월, 마침내 (사)한국파크골프협회를 창립하게 되었다.

이어 2004년 5월 15일, 서울 여의도 63빌딩 앞 한강 고수부지 2,300평의 점용허가를 받아, 대한민국 최초의 정식 파크골프장이 문을 열었다.

하지만 현실은 냉혹했다. '기적의 시작'이길 바랐던 그 공간은 각종 규제와 제약으로 운영이 거의 불가능했고, 매일이 민원과 마찰이었다. 포기하고 싶었던 순간도 많았지만, 아버지의 결단과 나의 초심을 떠올리며 버텨냈다.

수십 번의 고속버스 이동, 수많은 문전박대

나는 한국토지공사(현 LH공사)를 찾아 전국의 도시공원, 개발사업 현장을 30곳 이상 뛰어다녔다.

"앞으로는 도시에도 어르신을 위한 공공 스포츠가 필요합니다."
"이 운동이야말로 복지, 건강, 공동체를 모두 품은 미래형 스포츠입니다."

하지만 그때는 골프만 알았지, 파크골프는 듣도 보도 못한 운동이었다. 내가 들고 간 설명서는 책상 서랍에 던져졌고, 누군가는 '미쳤다'고 했다. 지금 보면 다 이해가 되지만, 그땐 정말 외로웠다.

수십 번 버스를 타고, 관계자들을 찾아 다녔지만 문전박대가 다반사였다. "차라리 세일즈를 했으면 돈은 벌었겠지"라는 자조가 입가에 맴돌았다.

하지만 포기하지 않았다. 내가 본 후쿠오카 공원의 그 웃음, 그 사람들의 활력, 그 공동체의 힘은 지금 한국 사회에 꼭 필요한 것이었기 때문이다.

홍수와 좌절, 장애인과의 첫 대회

2006년 7월 12일, 큰 물난리가 서울을 덮쳤다. 한강 파크골프장이 완전히 잠겨버렸다. 수년간 쌓아온 노력이 한순간에 무너진 것만 같았다. 하지만 나는 또다른 길을 모색했다.

그해 월드컵공원 잔디마당에서 장애인과 비장애인이 함께하는 어울림 대회를 처음으로 열었다. 지금 생각하면, 그것이 진짜 한국 파크골프 보급의 분기점이었다.

그날 나는 느꼈다. 이 스포츠는 단순한 놀이가 아니라 '사람을 위한 운동'이라는 것. 장애를 가진 참가자들이 파크골프장에서 웃고, 걸으며, 세상과 연결되는 모습은 내게 다시 사명을 일깨웠다.

밀양에서, 동탄에서, 다시 시작되다

2008년 밀양에서는 스포츠토토배 파크골프대회가 열리고, 전국 각지에서 활동하던 단체들이 하나로 모여 전국파크골프연합회가 창립되었다.

장애인과 비장애인이 하나되어 열린 '어울림' 파크골프대회.
파크골프 보급의 전환점이 되었다(2006년).

그리고 마침내, 내가 수년을 설득했던 화성 동탄 신도시에 9홀 파크골프장이 조성되었다. 그것이 오늘날 수백 개에 달하는 전국 파크골프장의 기초가 되었다.

"내가 미친 걸까?" 회의에 빠졌던 시간들

돌아보면 내 30대 후반부터 지금까지의 25년은, 한마디로 '버틴 시간'이었다. 눈물도 많았고, 상처도 많았고, 오해도 많았다. 하지만 포기하지 않았다. 왜냐하면 파크골프장에서 다시 웃는 사람들, 친구를 만나 삶이 바뀌었다고 말하는 어르신들을 보았기 때문이다.

아내가 치매 초기였던 부부가 파크골프장에 와서 말했다. "선생님, 이 운동이 우리 인생의 마지막 선물 같아요."

그 말을 들으며 나는 울었다. '이 길을 걸어오길 잘했다'고.

조직의 한계, 인간적인 갈등, 그리고 새로운 결단

여의도 한강 고수부지에 국내 최초의 파크골프장이 개장된 이후, 나는 숨쉴 틈 없이 달려왔다. 협회를 만들고, 대회를 개최하고, 공공기관과 지자체를 찾아다니며 파크골프를 알리고 보급하는 데 내 삶의 대부분을 쏟아부었다. 모든 게 처음이었고, 누구도 닦아놓지 않은 길이었다. 때로는 무모할 만큼 앞만 보고 뛰었다.

하지만 시간이 흐르며, 깊은 회의가 찾아왔다. 이 길은 사업가의 길도, 전업 체육인의 길도 아니었다. '생활체육'이라는 이름 아래, 모든 운영비와 활동비는 결국 개인이 감당해야 했다. 조직은 존재했지만 시스템은 없었고, 사람이 모였지만 지속 가능성은 없었다. 파크골프는 전국적으로 빠르게 확산되고 있었지만, 나는 점점 더 고립되고 있었다.

결국 나는 깊은 고민 끝에 결단을 내리게 된다. 한국파크골프협회 활동을 잠정 중단하고, 새로운 가능성을 찾아보기로 한 것이다. 그 시기, 형님과 함께 정부의 공인을 받을 수 있는 구조를 만들자는 취지로 '전국파크골프연합회'를 창립하게 되었지만, 형은 이 결정을 온전히 받아들이지 못했다. "그렇게 고생해놓고 왜 남한테 넘기냐." 형의 말은 내 마음속에 깊이 남았다.

우리가 함께한 수많은 시간과 노력, 그 모든 순간들이 허무하게 사라지는 것 같은 느낌이 들었다. 그 무렵, 형과 나는 자주 충돌했다. 함께여서 가능했던 길이 이해의 벽 앞에서 흔들리고 있었다.

그런 혼란 속에서, 예상치 못한 기회가 찾아왔다. 일본 홋카이도에서 파크골프계의 전설로 불리는 PGJ 나카무라 사장이 제안한 사업이었다. 그는 92년 전통의 수산물 경매시장을 운영하는 회사의 한국 에이전트를 맡아보지 않겠냐고 제안했다. 파크골프와는 전혀 관계없는 이야기였다. 나는 처음에 단칼에 거절했다. 그리고 그 후 1년 가까이 연락도 피하고, 일부러 마주치지 않으려 도망다녔다. 하지만 일이란 게 피한다고 피해지는 게 아니었다. 언젠가부터 주변 사람들까지 하나같이 말했다. "그렇게 좋은 사업을 왜 안하세요?" "제가 대신하고 싶네요." 결국, 그들은 사업 자금까지 모아주었다. 나는 결국 현실 앞에 무너졌고, 파크골프만으로는 생계를 유지하기 어려웠던 참혹한 현실을 인정할 수밖에 없었다. 그렇게 나는 북해도 수산물 경매시장과 한국 유통을 연결하는 수산물 사업에 뛰어들었다. 하지만, 그 선택은 불과 1년 만에 모든 것을 잃는 비극으로 이어졌다. 2011년 3월 11일, 동일본을 강타한 대지진과 쓰나미가 모든 것을 쓸어버렸다. 일본 수산시장은 붕괴되었고, 사업은 순식간에 끝이 났다. 나는 그와 함께 운영하던 한국 법인까지 폐업하게 되었고, 매달 협회에 지원하던 운영비조차 감당하지 못하면서 파크골프 조직에서도 조용히 물러나야 했다. 세상에서 사라진 이름이 되었고, 누군가에게는 잊힌 얼굴이 되었다. 그런 시간 속에서도, 이상하게 내 마음 한구석은 조용히 깨어나기 시작했다.

파크골프를 처음 만났던 후쿠오카의 공원, 아버지와 함께 걷던 봄날의 잔디밭, 서울 여의도에서 첫 공을 굴리며 감동하던 그 순간이 자꾸 떠올랐다.

"이대로 멈출 수는 없다."

그 즈음, 전국파크골프연합회의 새로운 회장님으로부터 연락이 왔다. "사무처장으로 함께해주실 수 있겠습니까?" 나에게는 후원자에서 실무자로 내려오는 결정이었다. 겉으로 보기엔 복귀였지만, 내게는 또 한 번의 인생을 걸어야 하는 결심이었다. 나는 다시 전국을 돌기 시작했다. 지도자 양성에 매달렸고, 회원 확보를 위해 설명회와 강연을 다녔다. 대회를 체계화하고, 공신력을 갖춘 협회로 성장시키기 위해 하루 24시간이 모자랐다.

어제는 충청, 오늘은 경북, 내일은 전북. 천막을 치고, 프로젝트를 설명하고, 교육장을 구하고, 사람들을 설득했다. 누군가는 봉사차를 내어주었고, 누군가는 사비로 교육장을 마련해주었고, 누군가는 대회를 위해 가족까지 동원해 현장을 지켰다. 정말 많은 분들의 힘이 모여 전국파크골프연합회는 점차 뿌리를 내리며 성장해갔다.

그러나 또 하나의 거센 파도가 다가왔다. 2015년, 정부는 체육계 통합정책을 본격화했다. 모든 종목단체를 통합 체육회 체제로 묶으려는 움직임이 시작된 것이다. 이 과정에서 파크골프는 '그라운드골프'나 '골프'와 통합하라는 압박을 받았다. "골프협회 산하로 들어오면 지원이 더 원활합니다." "그라운드골프와 합쳐야 단체로 인정받을 수 있습니다." 하지만 나는 확신하고 있었다. 파크골프는 단지 골프의 파생종목이 아니라, 고령사회의 희망이자 미래 커뮤니티의 플랫폼이라는 점에서 독립적인 가치를 가진다. 수년간 쌓아온 철학과 규칙, 문화를 지키기 위해 다시 싸워야 했다.

통합체육회와 문체부를 오가며, 회의자료를 다시 쓰고, 사람들을 만나 설득했다. 포기할 수도 있었지만, 그때처럼 또 한 번 벽을 넘고 싶었다.

그리고 마침내 2016년 3월, (사)대한파크골프협회가 공식 출범했다. 대한체육회로부터 정식 정가맹단체로 인정받는 순간이었다.

그해 병상에 계신 아버지를 찾아가 조심스럽게 소식을 전해드렸다. "파크골프가 드디어 대한체육회 정가맹 단체가 되었어요." 그 말씀을 들은 아버지는 아무 말씀 없이 조용히 고개를 끄덕이셨고, 눈가에 눈물이 고이셨다. 그리고 6월, 아버지는 세상을 떠나셨다.

돌아가시기 전, 그 기쁜 소식을 전해드릴 수 있었던 것은 내게 참 다행이었다. 그 순간을 나는 지금도 잊지 못한다. 아버지의 눈물은 단지 기쁨이나 감동이 아니었다. 평생 남을 위해 살아오셨던 분이기에, 내가 누군가를 위한 일을 한다는 것, 그 일이 공적 인정까지 받았다는 사실에 담긴 의미를 아버지는 누구보다 깊이 알고 계셨다. 그 눈물 속에는 나에 대한 믿음, 그동안의 고생에 대한 위로, 그리고 이제 놓아도 되겠다는 마지막 안도가 담겨 있었던 것 같다. 그 짧은 끄덕임과 조용한 눈물, 그 장면 하나가 지금도 내가 이 길을 멈추지 못하는 이유다.

파크골프는 누군가의 취미일 수 있다. 어떤 이에게는 운동이고, 또 어떤 이에게는 여가일 수 있다. 하지만 나에게 파크골프는 아버지와의 추억이고, 삶의 전부였으며, 지금은 내 사명이 되었다. 나는 이 길을 끝까지 걸을 것이다. 다음 세대에게 이 가치를 온전히 넘겨줄 수 있을 때까지.

19.
누구의 것도 아닌, 나의 비전으로

끝이 아닌 끝이었다. 나는 대한파크골프협회에서 물러나면서 비로소 내 발로 걸어 나와야 하는 순간을 맞았다. 협회의 새로운 회장이 취임한 뒤, 조직 내부에서 나의 역할은 점점 줄어들었고, 내가 할 수 있는 일은 더이상 남아 있지 않았다. 그동안 쏟아부었던 열정이 한순간에 의미 없는 것이 된 듯 보였고, 매일이 피로와 한계로 다가왔다. 오랜 세월 함께했던 동료들과도 더 이상 같은 길을 걸을 수 없음을 느끼면서, 마음속 깊은 곳에서 '이제는 내 길을 찾아야 한다'는 결심이 자라나기 시작했다.

게다가 직전 회장과의 법정 싸움은 끝없이 이어졌다. 무려 3년 동안 이어진 재판은 나를 지치게 했고, 때로는 삶 전체를 집어삼킬 듯한 무게로 다가왔다. 하지만 끝까지 버텨낸 끝에 대법원에서 무죄 판결을 받았다.

그 판결을 받는 순간, 나는 단순히 개인의 억울함을 풀었다는 차원을 넘어 더 큰 교훈을 얻게 되었다. 그 교훈은 단순하지만 날카로웠다. 내가 자금을 지원해 세우고, 수많은 시간과 땀을 쏟아 만든 공공 조직이라 할지라도, 그것은 결코 나의 것이 아니었다는 사실이었다. 그제야 나는 왜 다른 모든 단체들이 서로 싸우며 권력을 다투는지를 이해할 수 있었다. 그것은 결국 소유의 문제가 아니라 '누구의 것도 아닌 것'을 두고 벌이는 끝없는 다툼이었다.

그 깨달음은 내 마음속에 오히려 큰 자유를 주었다. 협회라는 테두리 안에서는 늘 '공식'이라는 이름으로 묶여 있었고, 수많은 규정과 이해관계 속에서 한 발자국도 자유롭게 움직일 수 없었다.
그러나 협회에서 나온 이후, 나는 오히려 파크골프의 본질을 다시 보게 되었다. 그동안 나는 '사무처장으로서의 파크골프'만 바라보았다. 행정으로, 규정으로, 조직의 운영 논리로만 파크골프를 해석했기에, 정작 사람들 속에서 살아 숨쉬는 파크골프를 깊이 바라보지 못했다. 밖에서 바라보니 오히려 더 본질에 가까워졌다.

나는 공원에서 즐겁게 웃으며 함께 걷는 사람들을 보았다. 파크골프는 그들에게 단순한 경기나 점수 경쟁이 아니었다. 그것은 일상의 외로움을 달래는 대화의 자리였고, 건강을 지켜주는 운동이었으며, 세대를 이어주는 연결고리였다. 협회 안에서 볼 때는 숫자와 규정, 보고서와 회의록으로만 존재했던 파크골프가, 협회 밖에서는 생생한 얼굴과 웃음, 그리고 땀으로 살아 있었다. 그 깨달음은 나를 겸허하게 만들었고, 동시에 앞으로 내가 걸어야 할 길을 더욱 분명하게 보여주었다.

나는 결심했다. 이제는 누구의 것도 아닌, 오롯이 나의 비전으로 파크골프의 길을 열어가야 한다고. 공공 조직에 속해 있을 때는 늘 타인의 시선과 이해관계를 고려해야 했지만, 이제는 그 모든 틀에서 벗어나 나의 철학과 나의 신념을 바탕으로 새로운 길을 설계할 수 있다. 그것이 바로 내가 선택한 프로 파크골프의 길이었다.

프로라는 이름은 단순히 직업의 영역을 뜻하는 것이 아니었다. 그것은 파크골프를 산업으로, 또 세계로 확장시킬 수 있는 새로운 문이었다.

끝없는 싸움 속에서 나는 배웠다. 내가 만든 조직은 내 것이 아니며, 권력은 언제나 변할 수 있다. 그러나 내가 품은 비전만은 변하지 않는다. 이제 나는 다시 출발점에 서 있다. 더 이상 협회의 이름 뒤에 숨지 않고, 누구의 그늘 속에 머물지도 않는다. 오직 나의 이름으로, 나의 철학으로, 그리고 나의 비전으로 나아간다.

파크골프는 이제 나에게 단순한 직업이나 조직의 일부가 아니다. 그것은 나의 인생을 걸어온 길이고, 앞으로 내가 세계와 나눌 수 있는 가장 소중한 유산이다. 협회에서의 세월이 나를 단련시켰다면, 이제부터의 시간은 나를 자유롭게 한다. 나는 과거를 회고하며 동시에 미래를 선언한다. 이 길은 누구의 것도 아닌, 오직 나의 비전으로 열어갈 길이다. 그리고 언젠가, 그 길 위에서 많은 사람들이 함께 웃고 걷게 되리라는 확신이 있다.

6부
실전 파크골프 가이드

01. 파크골프, 첫 만남

처음 파크골프장에 들어서는 순간, 누구나 가벼운 설렘과 함께 묘한 긴장감을 느낀다. 멀리서 바라보면 넓은 잔디밭에 깃발이 펄럭이고, 사람들은 차례차례 클럽을 휘두르며 공을 치고 있다. 언뜻 보면 골프와 다르지 않은 풍경 같지만, 가까이 다가가면 전혀 다른 매력이 느껴진다.

우선 장비부터가 다르다. 일반 골프에서는 여러 개의 클럽을 들고 다니지만, 파크골프에서는 나무로 만든 클럽 하나면 충분하다. 공도 손바닥에 쏙 들어올 만큼 크고, 무게도 있어 눈으로 쉽게 따라갈 수 있다. 그래서 공을 놓칠까 봐 불안해할 필요가 없다. 처음 잡는 사람도 의외로 금세 맞히고, 앞으로 굴러가는 공을 보며 안도의 웃음을 짓는다.

파크골프장의 분위기는 한층 더 따뜻하다. 누군가는 가족과 함께, 누군가는 이웃과 함께 라운드를 돈다. 젊은 사람과 어르신이 같은 팀에서 서로 응원하며 공을 주고받는다. 경쟁보다는 함께 즐기는 분위기가 강하다. 그래서 초보자라고 주눅 들 필요가 없다. 옆에서 먼저 해본 이들이 자연스럽게 규칙을 알려주고, 잘 쳤다며 박수를 보내준다. 이 순간, 낯선 운동이라는 두려움은 눈 녹듯 사라진다.

파크골프는 그 시작이 쉽다. 규칙은 단순하고, 장비는 간단하며, 경기장도 특별히 멀리 있는 곳이 아니라 동네 공원이나 하천변에 자리한 경우가 많다. 그만큼 누구나 편하게 다가갈 수 있다. 하지만 단순하다고 해서 가볍게만 볼 스포츠가 아니다. 공을 치고 걷고, 또 생각하는 과정 속에서 어느새 깊은 매력을 발견하게 된다. 한 번 빠지면 평생 즐길 수 있는 스포츠가 되는 이유가 여기에 있다.

당신이 파크골프장에 서 있다고 상상해 보자. 햇살은 부드럽고, 바람은 시원하다. 손에 쥔 클럽은 낯설지만 묵직하게 안심이 된다. 이제 곧 당신 차례가 온다. 공을 티 위에 올려놓고, 잔디 너머 홀컵을 향해 바라본다. 그 순간, 당신은 이미 파크골프의 세계에 들어섰다. 결과가 어떻든 상관없다. 중요한 것은 첫걸음을 내디뎠다는 사실이다. 그리고 그 첫걸음은 앞으로의 수많은 즐거움으로 이어질 것이다.

02. 두려움 내려놓기

새로운 운동을 시작할 때 가장 먼저 찾아오는 것은 '기대'가 아니라 '두려움'이다. "나는 해본 적이 없는데 잘할 수 있을까?" "혹시 민폐가 되지 않을까?" "다른 사람들 앞에서 실수하면 어떡하지?"

파크골프장에 처음 나선 사람이라면 한 번쯤은 이런 마음을 품는다. 하지만 걱정하지 않아도 된다. 파크골프는 애초에 누구나 쉽게 접근할 수 있도록 만들어진 스포츠다. 골프를 해본 적이 없어도, 운동을 거의 해본 적이 없어도, 나이가 많아도, 심지어 몸이 조금 불편해도 시작할 수 있다. 중요한 것은 실력이 아니라 함께 즐기려는 마음이다.

파크골프에서 '처음'은 누구에게나 같다. 숙련된 선수처럼 보이는 사람들도 언젠가 당신처럼 떨리는 손으로 첫 티샷을 했을 것이다. 공이 옆으로만 굴러가거나, 클럽에 맞지도 않고 멈춰버린 경험이 누구에게나 있다. 그러나 사람들은 그런 순간을 실패라고 부르지 않는다. 부끄러워할 필요도 없다. 그저 시작을 알리는 작은 의식일 뿐이다. 몇 번만 클럽을 휘두르면 곧 공이 앞으로 나아가고, 그 움직임을 바라보며 안도와 즐거움이 찾아온다.

파크골프의 매력은 바로 이 같은 '용납' '수용'에 있다. 공이 멀리 가지 않아도, 방향이 빗나가도 괜찮다. 동반자들은 기다려주고, 격려해주며, 다시 시도할 수 있게 기회를 준다. 누군가 당신의 첫 샷이 10미터밖에 가지 않았다고 해서 웃거나 비난하는 일은 없다. 오히려 "잘했어요, 조금만 더 가면 됩니다"라는 말이 돌아온다. 이 따뜻한 분위기가 파크골프의 힘이다.

만약 다른 스포츠에서 실수가 곧 좌절로 이어진다면, 파크골프에서는 실수가 자연스럽게 웃음이 된다. 공이 나무에 맞고 엉뚱한 방향으로 튀어도, 물가에 빠져도, 그것이 모두 이야깃거리가 된다. 이런 경험은 오히려 사람들 사이의 거리를 좁히고, 웃음을 나누는 계기가 된다.

두려움은 '비교'에서 생긴다. 옆 사람보다 멀리 보내야 할 것 같고, 더 잘해야 할 것 같다는 마음이 자신을 움츠러들게 만든다. 하지만 파크골프의 본질은 비교가 아니라 '동행'이다. 함께 걷고, 함께 웃으며, 함께 한 코스를 돌아오는 데 있다. 점수는 부차적이다. 스코어 카드의 숫자보다 중요한 것은 잔디 위에서 흘린 웃음소리다.

그러니 두려움을 내려놓자. 파크골프는 잘하기 위한 운동이 아니라 즐기기 위한 운동이다. 첫발을 내딛는 순간 이미 절반은 성공한 것이고, 나머지 절반은 코스 위에서의 작은 경험들이 채워줄 것이다. 실수는 배움의 시작이고, 웃음은 곧 실력으로 이어진다. 두려움을 비워내고 클럽을 잡는 순간, 당신은 파크골프라는 새로운 세계에 한 발 더 다가서게 된다.

03. 장비와 복장의 첫걸음

 새로운 운동을 시작할 때 가장 먼저 떠오르는 고민은 장비다. 골프를 생각하면 커다란 가방과 수많은 클럽, 값비싼 용품들이 머릿속에 먼저 떠오른다. 가격도 부담스럽고, 무엇을 사야 할지 막막하다. 하지만 파크골프는 다르다. 준비물이 단순하고 비용도 적게 들어, 입문자가 장비 때문에 망설일 이유가 없다.

 파크골프에 필요한 기본 장비는 세 가지뿐이다. 클럽 하나, 공 하나, 그리고 티. 이것이 전부다. 클럽은 나무로 만들어진 우드형 모양인데 길이나 무게가 규격화되어 있어 누구나 같은 조건에서 사용할 수 있다. 골프처럼 여러 종류를 갖출 필요가 없다. 하나의 클럽으로 티샷도, 어프로치도, 퍼팅도 모두 해결할 수 있다. 단순함이 곧 파크골프의 매력이다. 특히 장비를 구입할 때는 (사)대한파크골프협회 인증 마크가 있는 제품을 선택하면 규격과 품질을 보증받을 수 있어 초보자도 안심할 수 있다.

 공은 일반 골프공보다 크고 무겁다. 직경 약 6cm, 무게 약 90g으로 눈에 잘 띄어 잃어버릴 위험이 적고, 맞히기도 쉽다. 처음부터 공을 놓칠까봐 걱정하는 사람도 있지만, 실제로는 첫날에도 쉽게 공을 맞히며 파크골프의 재미를 느끼게 된다. 티는 공을 올려놓는 작은 받침대인데, 티샷의 출발점이자 상징 같은 존재다.

요즘은 파크골프장이 늘어나면서 장비를 구입할 수 있는 곳도 많아졌다. 온라인 쇼핑몰은 물론, 스크린 파크골프장이나 파크골프 전문점, 골프용품점에서도 장비를 판매하고 있어 접근성이 점점 좋아지고 있다. 가까운 매장에 직접 방문하거나, 이미 파크골프를 즐기고 있는 지인의 소개를 받아 구매하는 것도 좋은 방법이다.

입문자라면 굳이 비싼 장비를 고집할 필요가 없다. 몇 번은 대여 장비로 시작해도 충분하다. 다만 의외로 대여 장비가 없는 파크골프장도 많으므로, 방문 전에 확인하는 것이 안전하다. 몇 라운드를 경험한 뒤에 자신에게 맞는 클럽을 구입하는 것이 가장 현명하다.

복장은 더욱 간단하다. 골프처럼 고급스러운 의상을 갖출 필요가 없다. 중요한 것은 편안함이다. 자유롭게 걷고 스윙할 수 있는 운동화와 가벼운 옷이면 충분하다. 여름에는 통풍이 잘되는 셔츠와 모자를 준비하고, 겨울에는 방풍 재킷과 장갑 정도를 챙기면 된다. 전용 장갑이나 모자가 있으면 도움이 되지만 필수는 아니다. 파크골프의 정신은 실용성이고 소박함이다.

입문자에게 필요한 것은 완벽한 장비가 아니라 가벼운 마음이다. 파크골프는 사람이 주인공인 스포츠다. 클럽 하나와 공 하나로 충분히 즐길 수 있고, 좀더 유용한 요령과 기술은 차차 배워가면 된다. 지나치게 완벽한 준비를 하려는 마음을 내려놓고 "이 정도면 충분하다"라는 생각으로 코스에 들어선다면, 당신은 이미 파크골프의 세계에 첫걸음을 내디딘 것이다.

04. 파크골프장에 가기 전에

파크골프를 해보고 싶다는 마음만으로 바로 잔디 위에 설 수 있다면 얼마나 좋을까. 하지만 현실은 조금 다르다. 요즘 파크골프장은 이용자가 늘어나면서 예약제로 운영되는 곳이 많다. 먼저 시간을 잡지 않으면 자리가 없어 발길을 돌려야 하는 경우도 있다. 또 어떤 곳은 시·군·구 협회에 가입해 회원이 되어야만 플레이를 할 수 있도록 운영한다. 입문자에게는 다소 낯설고 까다롭게 느껴지는 부분일 수 있다.

더 큰 고민은 "함께할 사람이 없다면 어떻게 시작할까?"라는 점이다. 파크골프는 혼자 즐기는 운동이 아니라 여럿이 모여 함께 플레이하는 경기다. 지인이 없다면 첫발을 떼기가 쉽지 않다. 이럴 때 좋은 방법이 있다. 가까운 스크린 파크골프장을 찾아가 보는 것이다. 스크린 환경에서 기본자세와 스윙을 배우며, 자연스럽게 파크골프를 즐기는 친구들을 사귈 수 있다. 새로운 인연이 생기면 함께 필드 파크골프장에 나가는 길도 열리게 된다.

그럼에도 불구하고, 가장 좋은 입문 방법은 여전히 지인을 통해서다. 이미 파크골프를 즐기고 있는 친구나 선배가 있다면 그를 따라가는 것이 가장 쉽고 안전하다. 규칙도 알려주고, 분위기도 자연스럽게 익히게 된다. '친구 따라 강남 간다'는 말처럼, 좋은 성향의 친구를 따라가면 즐거운 취미가 평생의 운동으로 이어질 수도 있다.

파크골프는 누구에게나 열려 있는 운동이지만, 첫 관문을 혼자 넘기기에는 의외의 난관에 가로막힐 수 있다. 그렇다고 포기할 필요는 없다. 예약이 필요하다면 미리 일정을 잡으면 되고, 회원 가입이 필요하다면 안내에 따라 절차를 밟으면 된다. 친구가 없다면 스크린 파크골프장에서 도움을 받을 수 있다.

중요한 건 두려움이나 번거로움에 멈추지 않고, "나는 시작할 수 있다"는 용기를 내는 것이다. 그 용기가 첫 라운드의 즐거움으로 이어질 것이며, 당신을 새로운 세계로 인도할 것이다.

05. 기본 규칙 익히기

 새로운 운동을 시작할 때 가장 먼저 부딪히는 벽은 '규칙'이다. 복잡하고 어려운 규칙 때문에 시작도 하기 전에 포기하는 종목들이 많다. 하지만 파크골프는 다르다. 규칙은 단순하고 명확하다. 몇 가지만 기억하면 누구나 곧바로 경기에 참여할 수 있다. 중요한 것은 모든 세부 조항을 외우는 것이 아니라, "이 스포츠가 어떤 원리로 운영되는가"를 이해하면 쉽게 익힐 수 있다.

 파크골프의 목표는 단순하다. 정해진 타수 안에 공을 홀컵에 넣는 것. 각 홀에는 기준 타수, 즉 파(par)가 정해져 있다. 파크골프는 파3, 파4, 파5 홀로 구성되는데, 이는 그 홀을 보통 몇 번 만에 마칠 수 있는가를 의미한다. 공을 쳐서 홀컵에 넣을 때까지 몇 타를 쳤는지 기록하고, 18홀 전체의 합계가 곧 점수가 된다. 규칙은 이 간단한 원리 위에 세워져 있다.

 그러나 파크골프에서 반드시 기억해야 할 특별한 규정이 하나 있다. 바로 벌타는 2타라는 점이다. 공이 코스 경계 밖으로 나가거나,

워터 해저드에 빠지거나, 규칙을 어기고 공을 잘못 다룰 경우에는 2타의 벌타가 부과된다.

예를 들어 파3 홀에서 첫 티샷이 경계 밖으로 나갔다면, 다음 샷은 두 번째 샷이 아니라 곧바로 네 번째 샷으로 이어지게 된다. 즉, 벌타 2타를 부과받았기 때문이다. 입문자가 가장 먼저 알아야 할 규칙이 바로 이 부분이다.

한 번의 실수가 2타의 손해로 이어지기 때문에, 무리하게 위험한 지형을 노리기보다는 안전하게 플레이하는 것이 현명하다. "멀리 가는 것보다, 잃지 않는 것이 더 중요하다"는 말이 그래서 파크골프의 핵심 전략이 된다.

규칙만큼 중요한 것이 예절이다. 파크골프는 함께하는 운동이다. 내 차례가 아닐 때는 조용히 기다리고, 앞사람이 충분히 이동할 때까지 공을 치지 않는다. 잔디를 함부로 훼손하지 않는 것도 기본이다. 이런 작은 배려들이 모여 라운드 전체의 즐거움을 만든다. 규칙은 책에 적혀 있는 문장일 뿐이지만, 예절은 함께하는 사람들이 직접 느끼는 마음이다.

입문자라면 모든 규칙을 한꺼번에 이해하려 하지 않아도 된다. 함께하는 동반자들이 자연스럽게 알려주고, 직접 경험하면서 몸으로 익히게 된다. 처음부터 완벽히 아는 사람은 없다. 중요한 것은 규칙을 어기지 않으려는 마음, 함께하는 사람들을 존중하려는 태도다. 그 마음만 있다면 세세한 규칙은 금세 따라오게 된다.

파크골프의 규칙은 복잡하지 않다. 오히려 단순함 속에 깊은 의미가 담겨 있다. 공정하게 경쟁하고, 안전하게 즐기며, 서로를 존중하자는 원리. 이것이야말로 파크골프가 세대를 아우르는 스포츠로 자리 잡은 이유다.

06. 함께 즐기는 예절

파크골프는 규칙이 단순한 스포츠지만, 진짜 매력은 규칙 너머에 있다. 그것은 바로 예절이다. 파크골프는 혼자가 아니라 여럿이 함께하는 운동이다. 한 코스를 같이 걸으며 공을 치고, 기다리고, 응원하는 과정 속에서 비로소 파크골프의 즐거움이 완성된다. 그래서 입문자에게 가장 먼저 권하고 싶은 것은, 규칙보다도 함께하는 태도다.

경기에서 지켜야 할 가장 기본적인 예절은 차례를 존중하는 것이다. 내 공이 앞에 있다고 해서 서둘러 치지 않는다. 앞사람이 충분히 이동할 때까지 기다리고, 내 차례가 되었을 때 비로소 스윙을 준비한다. 누군가 스윙을 하려는 순간에는 조용히 멈추어 서서 집중을 방해하지 않는 것도 기본이다. 작은 소리 하나가 동반자의 집중을 깨뜨릴 수 있기 때문이다.

또 하나 중요한 예절은 안전을 지키는 것이다. 파크골프의 클럽은 묵직한 나무로 만들어져 있어 잘못 맞으면 큰 사고로 이어질 수 있다. 언제나 스윙하는 사람의 앞이나 옆에 서지 말고, 충분히 거리를 두고 기다려야 한다. 안전은 규칙이 아니라 배려에서 비롯된다.

코스를 아끼는 태도도 필요하다. 잔디는 파크골프의 무대이자 생명이다. 걷는 동안 발자국을 깊게 남기지 않도록 조심하고, 공을 찾으러 다닐 때는 다른 사람의 경기를 방해하지 않도록 주의해야 한다. 최근에는 천연잔디뿐 아니라 인조잔디로 조성된 코스도 많아졌다. 인조잔디 역시 마모와 손상에 취약하기 때문에 함부로 끌거나 불필요하게 밟지 않고, 소중히 다루는 습관이 필요하다. 작은 행동 하나가 전체 코스의 품질과 동반자의 경험을 좌우한다.

파크골프는 나이와 세대를 아우르는 스포츠다. 함께하는 이들은 다양하다. 때로는 연세 많은 어르신과, 또 때로는 막 입문한 청년이 한 팀을 이룬다. 이때 중요한 것은 실력이 아니라 존중의 마음이다. 잘 친 샷에는 아낌없는 박수를, 실수한 샷에는 따뜻한 격려를 보내는 마음. 그것이 파크골프의 예절이다.

입문자는 종종 "혹시 내가 민폐가 되면 어쩌지?"라는 걱정을 한다. 하지만 예절만 지킨다면 민폐는 없다. 공이 잘 안 맞아도 괜찮다. 실수는 누구나 한다. 중요한 것은 기다릴 줄 아는 태도, 동반자를 방해하지 않는 배려, 함께 웃으려는 마음이다. 그것만으로도 훌륭한 동반자가 될 수 있다.

 파크골프의 규칙은 머리로 배우지만, 예절은 마음으로 배운다. 코스 위에서의 작은 배려가 모여 하나의 큰 즐거움이 된다. 그리고 그것이야말로 파크골프가 '함께하는 운동'이라고 불리는 이유다.

07. 첫 티샷의 순간

파크골프를 처음 시작하는 사람에게 가장 기억에 남는 순간은 단연 첫 티샷이다. 공을 티 위에 올려놓고, 클럽을 잡고, 잔디 너머 홀컵을 바라보는 그 순간, 누구나 두근거린다. 기대와 설렘이 섞여 있으면서도, 동시에 "제대로 맞을까?"라는 걱정이 밀려온다. 그 긴장감은 오히려 파크골프가 주는 즐거움의 시작이다.

입문자가 흔히 하는 실수는 조급함이다. 주변의 시선을 의식해 서둘러 스윙을 하거나, 멀리 보내야 한다는 부담을 안고 힘껏 휘두른다. 그러나 티샷에서 가장 중요한 것은 힘이 아니라 안정감이다. 클럽을 강하게 휘두르려 하지 말고, 마치 가볍게 공을 밀어낸다는 마음으로 스윙하는 것이 좋다. 공은 생각보다 잘 나가고, 홀컵을 향해 부드럽게 굴러간다.

방향을 잡는 것도 중요한 포인트다. 티그라운드의 표시가 항상 홀컵을 정확히 향하고 있는 것은 아니다. 가끔은 페어웨이와 약간 비스듬하게 놓여 있기도 하다. 이럴 때는 무심코 그 방향 그대로 서서

치면 공이 엉뚱한 쪽으로 굴러간다. 따라서 샷을 준비하기 전에는 반드시 티 뒤쪽에서 홀컵과 목표를 바라보며, 내가 보내고 싶은 방향을 먼저 확인해야 한다. 방향을 정한 뒤에야 비로소 어드레스를 취하는 것이 올바른 습관이다.

첫 티샷에서 공이 엉뚱하게 날아가거나, 몇 미터 굴러가지 못하는 경우도 많다. 그러나 그것은 실패가 아니라 출발이다. 모든 파크골프인들의 첫 티샷은 크게 다르지 않았다. 공이 옆으로만 굴러도, 티를 빗나가 클럽만 땅을 때려도 그것은 흔한 시작 가운데 하나다. 동반자들도 그것을 잘 알고 있기에 초보자의 실수에 따뜻한 마음으로 격려한다. 중요한 것은 공이 어디로 갔는지가 아니라, 당신이 첫 티샷을 했다는 사실이다.

마음을 가볍게 하자. "멀리 보내야 한다"는 생각보다 "앞으로 조금만 보내면 된다"는 마음이 더 도움이 된다. 파크골프는 한 번의 장타보다 여러 번의 안정된 샷이 점수를 만든다. 작은 성공이 쌓이면, 어느새 자신감이 생긴다. 그리고 그 자신감이 다음 티샷을 더 부드럽게 만들어 준다.

첫 티샷은 단순한 한 번의 샷이 아니다. 그것은 파크골프와의 첫 만남이자 약속이다. 앞으로 수많은 코스에서 이어질 즐거움의 출발점이기도 하다. 공이 어디로 가든 상관없다. 중요한 것은 잔디 위에 서서 클럽을 휘둘렀다는 사실, 그리고 그 순간을 즐겼다는 경험이다.

08. 스윙의 기초

파크골프를 처음 시작하는 사람들에게 가장 중요한 기술은 바로 스윙이다. 공을 멀리 보내는 것도, 방향을 잡는 것도 결국 스윙에서 시작된다. 그러나 스윙을 잘하기 위한 첫걸음은 단순히 클럽을 휘두르는 것이 아니라, 그립과 자세에서 출발한다.

1. 클럽을 잡는 법 —그립의 중요성

그립은 파크골프의 기본기 중 가장 중요한 요소다. 클럽을 어떻게 잡느냐에 따라 공의 방향과 거리가 달라진다. 오른손 플레이어를 기준으로 설명한다.

- 손의 위치: 왼손이 위, 오른손이 아래에 오도록 잡는다. 왼손은 손가락으로 클럽을 감싸듯이 쥐고, 오른손은 왼손을 덮듯이 감싼다. 두 엄지손가락은 클럽 헤드 방향을 따라 곧게 내려오도록 한다.
- 힘의 정도: 너무 꽉 잡으면 손목이 뻣뻣해져 스윙이 막히고, 너무 느슨하면 클럽이 흔들려 공이 정확히 맞지 않는다. 마치 두 손

베이스볼 그립. 손가락 위치(왼쪽)와 정면 자세(오른쪽).

 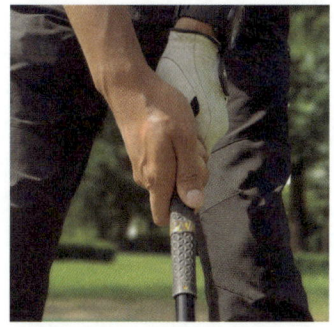

오버래핑 그립. 손가락 위치(왼쪽)와 정면 자세(오른쪽).

 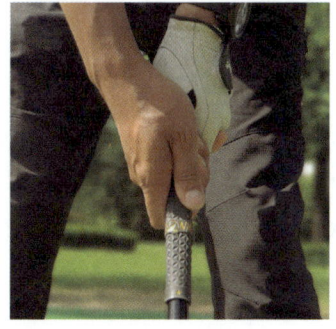

인터로킹 그립. 손가락 위치(왼쪽)와 정면 자세(오른쪽).

으로 '새'를 감싸듯 "놓치지는 않지만, 숨쉴 공간은 남겨주는 정도"가 가장 적당하다.
- 두 손의 연결: 두 손은 따로가 아니라 하나처럼 이어져야 한다. 틈이 벌어지거나 어긋나면 공이 목표 방향으로 나가지 않게 된다.

올바른 그립을 확인하는 방법은 간단하다. 클럽을 잡고 가볍게 앞뒤로 흔들어 보라. 손목과 팔이 부드럽게 움직이면 제대로 잡은 것이고, 어깨까지 긴장이 느껴진다면 힘을 너무 준 것이다.

2. 올바른 자세 —스윙의 출발점

그립을 잡은 뒤에는 바른 자세가 필요하다. 발은 어깨너비로 벌리고, 무릎은 살짝 구부려 안정감을 만든다. 허리를 곧게 세우되 긴장은 풀고, 시선은 언제나 공 위에 둔다. 처음에는 단순해 보여도 이 기본자세만 제대로 갖춰도 공은 훨씬 곧고 안정적으로 나간다.

3. 스윙 동작 —세 단계로 나누기

스윙은 크게 세 단계로 나뉜다.
- 백스윙: 클럽을 뒤로 천천히 들어 올린다. 높이보다는 리듬이 중요하다.

어드레스

어드레스 측면.

백스윙

임팩트

팔로스루.

- 임팩트: 공을 '때린다'는 생각보다는 '밀어낸다'는 느낌으로 맞힌다.
- 팔로스루: 공이 맞은 뒤에도 동작을 자연스럽게 이어가 마무리한다. 이것이 공의 직진성과 거리감을 살려준다.

4. 초보자가 자주 하는 실수

입문자들이 가장 많이 하는 실수는 힘을 과도하게 주는 것이다. 멀리 보내야 한다는 생각에 온몸을 긴장시키고 크게 휘두르지만, 오히려 공은 삐뚤게 나가거나 클럽에 제대로 맞지 않는다.

파크골프에서 중요한 것은 힘이 아니라 리듬과 정확성이다. 힘을 빼고 부드럽게 스윙하는 것이 오히려 공을 멀리, 곧게 보낸다.

5. 꾸준함이 만드는 나만의 스윙

스윙은 단번에 완성되지 않는다. 같은 동작을 여러 번 반복하며 몸에 익히는 과정이 필요하다. 처음에는 공이 옆으로 굴러가거나 땅만 치는 경우도 많다. 그러나 그 모든 순간이 곧 학습이다. 실수는 잘못이 아니라 올바른 동작을 찾아가는 과정이다. 반복 속에서 점차 자신만의 리듬이 생기고, 스윙은 점점 자연스러워진다.

스윙의 기초는 생각보다 단순하다. 올바른 그립, 바른 자세, 힘을 뺀 부드러운 동작. 이 세 가지가 제대로 이루어지면 공은 이미 원하는 방향으로 나아간다. 시간이 지날수록 스윙은 단순한 기술을 넘어, 당신만의 개성과 스타일로 자리잡게 될 것이다. 그리고 그 순간, 파크골프의 매력은 한층 더 깊어질 것이다.

09. 페어웨이에서 배우는 전략

티샷을 마치고 공이 페어웨이에 놓였을 때, 파크골프의 본격적인 재미가 시작된다. 페어웨이는 홀컵을 향해 나아가는 길이자, 전략이 필요한 공간이다. 입문자들은 흔히 멀리 보내야 한다는 생각부터 하지만, 파크골프는 힘으로 승부하는 운동이 아니다. 승부를 좌우하는 것은 "방향과 힘을 얼마나 잘 조절하느냐"이다.

페어웨이에서 가장 중요한 것은 안전하게 전진하는 것이다. 무리한 장타를 노리다 공이 러프로 빠지면 2타 이상 손해를 보는 경우가 많다. 차라리 조금 짧더라도 안전한 방향으로 보내는 편이 훨씬 좋은 결과를 낳는다.

공을 칠 때는 홀컵만 바라보기보다 다음 샷을 어디에서 할 것인지 미리 생각하는 것이 필요하다. 앞에 나무나 장애물이 있다면 넘기려는 힘을 쓰기보다, 옆의 넓은 공간으로 보내 다음 샷을 편하게 만드는 것이 현명하다. 지금 한 번의 선택이 곧 다음 샷을 결정하기 때문이다.

방향과 힘의 균형은 특히 중요하다. 곧게 갔지만 힘이 지나치면 공은 멀리 굴러가 어려운 자리에 놓이고, 힘이 적당해도 방향이 어긋나면 엉뚱한 곳으로 향한다. 파크골프의 묘미는 바로 이 미묘한 조절에 있다. 공을 보내는 순간마다 자신이 원하는 방향을 떠올리고, 거리에 맞는 힘을 더하거나 빼는 감각을 익히는 것이 곧 실력으로 이어진다.

페어웨이는 단순히 홀컵으로 가는 길이 아니다. 잔디 위를 걸으며 동반자와 이야기를 나누고, 공을 따라 움직이며 힘과 방향을 조율하는 그 과정 자체가 파크골프의 즐거움이다. 멀리 보내려는 욕심보다 한 타 한 타를 안정적으로 이어가려는 지혜가 결국 좋은 스코어를 만든다.

10. 러프에서의 탈출

경기하다 보면 누구나 한 번쯤은 공이 러프에 빠지는 경험을 하게 된다. 러프는 페어웨이와 달리 잔디가 길고 땅이 울퉁불퉁해 공이 생각대로 움직이지 않는다. 입문자라면 이 순간 당황하거나 서두르기 쉽지만, 러프는 파크골프의 한부분일 뿐이다. 중요한 것은 어떻게 빠져나오느냐에 달려 있다.

사실 과거의 파크골프장은 러프의 비중이 크지 않았다. 단순히 평평한 잔디밭에서 즐기는 경우가 많아, 공이 러프로 빠질 일도 드물었다. 그러나 최근 들어 파크골프 인구가 급격히 늘고, 경기의 재미와 도전 요소를 높이려는 움직임이 커지면서 코스 설계도 달라지고 있다.

이제는 페어웨이와 러프를 구분해 난이도를 높인 파크골프장이 점점 늘어나고 있다. 이러한 변화는 단순한 여가 스포츠를 넘어, 파크골프가 보다 전문적이고 전략적인 경기로 발전하고 있음을 보여준다.

러프에서 가장 먼저 해야 할 일은 마음을 가라앉히는 것이다. "한 번에 홀컵 가까이 보내야지"라는 욕심은 금물이다. 러프에서는 큰 욕심보다 안전하게 탈출하는 것이 첫 번째 목표다. 공을 다시 페어웨이나 평평한 지대로 옮겨 놓는 것만으로도 충분히 잘한 선택이다.

스윙은 페어웨이보다 단순하고 짧게 가져가는 것이 좋다. 긴 풀과 불안정한 지면 때문에 힘을 많이 주면 클럽에 잔디가 걸려 공이 제대로 맞지 않는다. 오히려 부드럽게, 정확히 공을 맞히는 데 집중해야 한다. 멀리 보내는 것보다 "확실히 꺼내는 것"이 러프 탈출의 핵심이다.

방향 또한 욕심을 줄여야 한다. 좁은 공간을 노리기보다, 공이 나올 수 있는 가장 넓은 방향을 택하는 것이 현명하다. 홀컵과 거리가 멀어지더라도 안전하게 공을 꺼내는 것이 결국 점수를 지키는 길이다.

러프를 경험하다 보면 파크골프가 단순히 기술만의 운동이 아니라는 사실을 깨닫게 된다. 위기를 만났을 때 마음을 다스리고, 작은 선택 하나에 집중하는 것이 곧 경기 전체를 바꾼다. 러프는 우리에게 "욕심을 버리고 지혜를 선택하라"는 교훈을 주는 공간이다.

러프에서의 탈출은 누구에게나 찾아오는 순간이다. 그리고 그 순간을 어떻게 받아들이고 대처하느냐가 파크골프의 성숙도를 보여준다. 공이 러프에 빠졌다고 해서 실망할 필요는 없다. 오히려 그것을 기회로 삼아 침착함과 현명한 선택을 연습한다면, 러프는 더이상 두려운 공간이 아니라 당신을 성장시키는 교실이 될 것이다.

11. 그린 주변의 감각

파크골프에서 스코어를 가장 크게 좌우하는 순간은 언제일까? 많은 사람들이 티샷이라고 생각하지만, 실제로는 홀컵 가까이에서의 플레이다. 공이 홀컵 주변에 다가왔을 때, 얼마나 부드럽게, 정확하게 공을 굴려 넣느냐가 승부를 결정한다. 그래서 그린 주변에서의 감각은 파크골프의 꽃이라 할 만하다.

홀컵은 가까워 보이지만 막상 공을 집어넣으려 하면 쉽지 않다. 조금만 힘이 세면 공은 홀컵을 지나쳐 멀리 굴러가고, 힘이 부족하면 홀컵 앞에서 멈춘다. 방향은 맞았는데 속도가 잘못되면 또 실패다. 결국 이 순간은 힘과 방향을 얼마나 섬세하게 조율할 수 있는가의 문제다.

파크골프가 막 보급되던 시절, 난이도를 주고 재미를 더하려는 의도로 이른바 '솥뚜껑 그린'을 만들어 놓은 곳이 많았다. 홀컵 주변을 솥뚜껑처럼 볼록하게 만들어, 공이 조금만 잘못 맞아도 옆으로 흘러내리게 한 것이다. 지금도 이런 그린을 가진 파크골프장이 곳곳에

남아 있다. 입문자라면 공이 자꾸 홀컵을 비켜가거나 흘러내려 짜증이 날 수도 있다. 그러나 연습이 잘된 파크골프인들은 이런 솥뚜껑 그린조차 평지처럼 플레이하며, 오히려 실력을 자랑하는 무대로 삼는다. 결국 이런 지형도 연습을 통해 극복할 수 있는 것이다.

그린 주변에서는 큰 스윙이 필요 없다. 오히려 짧고 부드러운 스윙이 중요하다. 클럽을 살짝 들어 올리고, 공을 때린다는 생각보다는 가볍게 굴려 보낸다는 이미지를 그리는 것이 좋다. 특히 솥뚜껑 그린처럼 미묘한 경사가 있는 곳에서는 힘을 최소화하고, 공이 굴러갈 길을 미리 그려보는 연습이 필요하다.

초보자가 흔히 하는 실수는 가까운 거리라고 방심하거나 서두르는 것이다. 공이 가까워 보여 대충 치면, 오히려 홀컵을 지나치거나 옆으로 흘러버린다. 가까울수록 더 집중하고, 더 차분하게 준비해야 한다.

홀컵 주변은 점수를 마무리하는 곳이자 파크골프의 묘미가 가장 크게 느껴지는 순간이다. 공이 홀컵 안으로 들어가는 그 소리는 작지만, 경기 전체의 흐름을 바꾸는 힘을 갖고 있다. 그리고 때로는 솥뚜껑 그린처럼 까다로운 지형에서 한 번에 성공했을 때, 그 기쁨은 배가 된다.

결국 그린 주변에서 필요한 것은 특별한 기술이 아니라, 힘을 줄이고 방향을 읽으며 마음을 다스리는 것이다. 평평한 그린이든 솥뚜껑 그린이든, 연습과 집중이 쌓이면 모든 지형은 결국 평지처럼 느껴지게 된다. 그 순간 파크골프는 단순한 경기 이상의 즐거움을 주게 된다.

12. 마지막 한 타의 예술

파크골프에서 가장 긴장되는 순간은 공이 홀컵 근처에 다가왔을 때다. 단 한 타로 경기를 마무리할 수 있지만, 이 한 타가 실패하면 점수가 늘어난다. 그래서 퍼팅은 단순한 기술이 아니라, 경기 전체의 흐름을 결정하는 예술이라 할 수 있다.

파크골프장의 그린은 골프장에서처럼 일정하고 잘 정비된 상태만 있는 것이 아니다. 어떤 곳은 맨바닥 그대로의 흙그린이 있고, 어떤 곳은 홀컵 주변만 잔디를 심어 관리하는 경우도 있다. 또 어떤 코스는 인조잔디로 그린을 조성하기도 하고, 흙과 잔디가 반반 섞여 있는 곳도 많다. 최근에는 잘 정비된 고급형 그린도 늘어나고 있지만, 아직까지는 다양한 환경이 뒤섞여 있는 것이 현실이다.

이처럼 조건이 일정하지 않기 때문에, 퍼팅은 단순히 기술만으로 해결되지 않는다. 물론 기본자세와 짧고 부드러운 스윙, 힘 조절 같은 기초적인 기술은 반드시 필요하다. 하지만 그린의 상태를 읽는 눈과 경험도 중요하다. 어떤 지형에서는 조금 더 힘을 주어야 하고, 어떤 지형에서는 살짝만 굴려도 충분하다.

이때 도움이 되는 것이 바로 현장의 경험자, 즉 지인의 조언이다. 오랫동안 그 코스에서 경기한 사람들은 어느 쪽이 더 높고 낮은지, 어디서 공이 잘 휘는지 몸으로 알고 있다. 입문자가 처음부터 모든 것을 혼자 판단하기는 어렵다. 그렇기에 동반자의 말을 귀 기울여 듣고, 그 조언을 실제로 몸으로 확인하는 과정이 큰 도움이 된다.

퍼팅은 치는 것이 아니라 굴리는 것이다. 힘을 빼고, 리듬을 일정하게 유지하며, 홀컵까지의 길을 머릿속에 그린 뒤 그대로 실행하는 것이 핵심이다. 하지만 그 과정에서 주변 지형과 코스의 특성을 반영하지 않으면, 공은 생각과 달리 엉뚱한 길로 굴러가 버린다. 결국 퍼팅은 기술과 경험, 그리고 현장에 맞는 지혜가 함께 어우러져야 한다.

공이 홀컵 안으로 들어가는 순간은 단순한 점수 이상의 의미를 갖는다. 경기의 마무리와 동시에 성취감을 주며, 함께한 동반자들과의 즐거움을 완성시킨다. 그리고 때로는 까다로운 흙그린이나 솥뚜껑 그린 같은 난이도 높은 환경에서 성공했을 때, 그 기쁨은 배가 된다.

결국 퍼팅은 마지막 한 타의 예술이다. 기초 기술을 연습으로 다지고, 다양한 현장에서의 경험과 지인의 조언을 더한다면, 어떤 그린에서도 자신 있게 공을 굴려 넣을 수 있을 것이다.

13. 벙커와 해저드, 드물지만 중요한 경험

파크골프의 매력 중 하나는 누구나 쉽게 즐길 수 있다는 단순함에 있다. 그래서 대부분의 파크골프장에는 벙커와 해저드가 많지 않다. 골프장에서처럼 큰 모래 벙커나 넓은 워터 해저드를 두면 초보자들이 경기 자체를 즐기기 어려워지기 때문이다. 대신 대부분은 넓은 잔디밭과 완만한 지형으로 설계되어 있다.

하지만 최근 들어 파크골프 인구가 늘어나고, 경기의 재미와 도전 요소를 더하려는 의도로 일부 파크골프장에서는 벙커와 해저드를 배치하기 시작했다. 이들은 코스 전체에서 차지하는 비율은 적지만, 한 번 마주치면 긴장감을 주기에 충분하다.

벙커에 공이 빠졌을 때 가장 중요한 것은 마음을 가라앉히는 것이다. 모래가 깊지 않기 때문에, 클럽으로 크게 치기보다는 짧고 정확하게 공을 맞혀 탈출하는 것이 우선이다. 욕심을 내서 홀컵 가까이 보내려 하기보다, 벙커 바깥의 안전한 위치에 공을 꺼내는 것만으로도 충분히 잘한 선택이다.

해저드, 즉 물이나 도랑에 공이 들어갔을 때는 벌타가 적용된다. 이때 2타의 벌타가 부과된다는 점을 기억해야 한다. 따라서 해저드에 빠지지 않도록 미리 방향을 안전하게 잡는 것이 가장 중요하다.

연못과 같은 워터 해저드 지역에 공이 빠졌을 경우 공이 들어간 지점과 홀컵을 잇는 선의 후방 지점에 드롭하거나 별도의 해저드 드롭존에서 플레이한다. 단, 해저드 경계선의 말뚝 색깔에 따라 플레이하는 방법이 다르다. 빨간색일 경우는 공이 들어간 위치에서 가까운 곳에 드롭하고 치면 되고, 노란색 말뚝일 경우는 공이 마지막으로 지나간 지점을 기준으로 드롭한 후 경기한다.

이처럼 벙커와 해저드는 파크골프 전체에서 차지하는 비중은 크지 않지만, 한 번의 경험만으로도 큰 교훈을 준다. 위기를 만나면 침착하게 대응하고, 작은 실수 하나가 경기 전체에 어떤 영향을 주는지 몸으로 느낄 수 있다. 드물지만 중요한 이 경험은 파크골프의 깊이를 더해주며, 입문자에게는 새로운 도전의 재미를 선사한다.

14. 멘탈 관리와 집중력

파크골프를 하다 보면 누구나 한 번쯤은 예상치 못한 상황을 겪게 된다. 잘 맞았다고 생각한 공이 엉뚱한 곳으로 굴러가기도 하고, 홀컵 바로 앞에서 멈춰 서는 순간도 있다. 이런 경험은 초보자에게 큰 아쉬움이나 짜증을 불러일으킬 수 있다. 하지만 파크골프는 단순한 기술의 경기가 아니라, 마음을 다스리는 경기이기도 하다.

경기의 흐름을 좌우하는 것은 공의 궤적만이 아니라, 그 순간 나의 심리 상태다. 한 번의 실수가 이어지는 샷에 영향을 미치지 않으려면 마음을 빨리 추슬러야 한다. "이번 한 타는 이미 지나갔다"는 생각으로 털어내고, 다음 한 타에 집중하는 것이 가장 중요하다.

집중력은 홀컵 가까이에서 특히 빛을 발한다. 퍼팅은 짧은 거리지만, 마음이 흔들리면 실패할 확률이 높아진다. 공을 치기 전에 깊게 호흡하고, 홀컵까지의 길을 마음속으로 그려본 뒤 그대로 실행하는 습관이 필요하다. 이 짧은 순간의 집중력이 경기를 완성한다.

또한 멘탈 관리에는 동반자와의 관계도 포함된다. 파크골프는 혼자 즐기는 경기가 아니라, 함께 걷고 이야기하며 치는 운동이다. 실수가 나왔을 때 동반자의 농담 한마디, 따뜻한 격려 한마디가 마음을 다시 세우는 데 큰 힘이 된다. 그래서 파크골프를 "사람과 함께하는 운동"이라고 부른다.

경기 중에 자신만의 루틴을 만드는 것도 도움이 된다. 예를 들어 공을 치기 전에 항상 같은 자세로 서고, 목표 지점을 확인하고, 클럽을 살짝 흔들며 긴장을 푸는 일련의 과정을 반복하는 것이다. 루틴은 몸과 마음을 안정시켜 주고, 불안한 순간에도 일관된 결과를 만들 수 있게 한다.

결국 파크골프의 멘탈은 기술과 동등하게 중요하다. 마음이 흔들리면 클럽도 흔들리고, 마음이 차분하면 스윙도 차분해진다. 실수는 누구에게나 일어나지만, 그 실수를 어떻게 받아들이느냐가 파크골프인의 성숙도를 보여준다.

15. 동반자와의 에티켓

파크골프는 혼자가 아니라 함께 즐기는 운동이다. 그래서 실력만큼 중요한 것이 바로 에티켓, 즉 함께하는 사람을 배려하는 태도다. 코스에서 지켜야 할 기본 예절은 단순히 규칙을 넘어, 동반자와의 관계를 즐겁게 만드는 핵심 요소다.

파크골프장의 특별한 문화 중 하나는, 혼자 또는 둘이 찾아가도 현장에서 자연스럽게 팀이 꾸려진다는 점이다. 예약제로 운영되는 곳도 있지만, 많은 경우 그날 모인 사람들끼리 팀을 이루어 경기를 진행한다. 이 과정에서 처음 만난 사람과도 함께 운동을 하게 된다. 낯선 이들과 함께 라운드를 나누는 경험은 파크골프의 또 다른 매력이다. 단순한 운동을 넘어 새로운 인연을 만드는 장이 되기도 한다.

이렇듯 처음 만난 사람과 함께하는 상황에서는 특히 에티켓이 중요하다. 샷을 준비하는 동안은 조용히 해주고, 차례를 지켜주는 기본적인 배려만으로도 좋은 인상을 남길 수 있다. 상대방의 경기를 존중하는 태도는 곧 자신이 존중받는 분위기를 만드는 밑거름이 된다.

또한 파크골프에서는 안전이 곧 에티켓이다. 앞사람이 충분히 벗어나기 전에 공을 치지 말고, 뒤에서 클럽을 함부로 휘두르지 않는 것이 기본이다. 초보자는 공이 멀리 가지 않는다고 생각해 서두르기 쉽지만, 작은 실수도 사고로 이어질 수 있음을 잊지 말아야 한다.

경기 중에만 필요한 것이 아니라, 경기 전후에도 서로 인사를 나누고 함께한 시간을 존중하는 태도가 필요하다. 특히 현장에서 처음 만난 동반자라면, 작은 인사와 배려가 경기 내내 좋은 분위기를 만든다. 파크골프는 점수만 남는 운동이 아니라, 함께한 추억과 관계가 남는 운동이기 때문이다.

경기를 하다 보면 실수도 나오고, 예상치 못한 상황도 생긴다. 이때 서로를 탓하기보다는 격려하는 말 한마디, 농담 한마디가 분위기를 환하게 바꾼다. 그래서 파크골프는 공을 잘 치는 사람보다, 함께하는 사람들을 편안하게 하는 사람이 진짜 실력자라 불린다.

결국 동반자와의 에티켓은 규칙을 지키는 차원을 넘어, 파크골프의 가치를 높이고 경기를 더 즐겁게 만드는 열쇠다. 처음 만난 사람과도 좋은 시간을 나눌 수 있다는 점이야말로 파크골프가 가진 가장 따뜻한 매력이다.

16. 초보자가 자주 하는 실수

파크골프는 배우기 쉽지만, 막상 필드에 서면 생각보다 많은 시행착오를 겪게 된다. 실수는 누구에게나 일어나지만, 어떤 실수가 반복되는지 미리 알고 준비하면 훨씬 빠르게 즐거움을 맛볼 수 있다.

가장 흔한 실수는 힘 조절에 실패하는 것이다. 초보자는 공을 멀리 보내야 한다는 생각에 온몸에 힘을 주고 크게 휘두른다. 하지만 결과는 오히려 땅을 치거나 옆으로 굴러가는 경우가 많다. 파크골프는 힘의 스포츠가 아니라, 방향과 거리 조절의 스포츠다. 힘을 빼고 리듬을 일정하게 가져가는 것이 무엇보다 중요하다.

두 번째로 자주 하는 실수는 그립을 잘못 잡는 것이다. 손에 힘이 잔뜩 들어가거나 두 손이 어긋나 있으면 공은 원하는 대로 굴러가지 않는다. 클럽을 잡는 방법은 작지만, 그 결과는 크다. 그립은 항상 "편안하게, 하지만 안정감 있게"라는 원칙을 기억해야 한다.

또 다른 실수는 경사와 지형을 읽지 못하는 것이다. 파크골프장은 단순히 평평한 잔디밭이 아니다. 오르막, 내리막, 좌우 경사, 그리고 솥뚜껑 그린 같은 까다로운 지형이 곳곳에 있다. 초보자들은 이런 변화를 무시하고 공을 치다가 방향이 틀어지는 경우가 많다. 공을 치기 전 잠시 서서 지형을 바라보고, 공이 굴러갈 길을 미리 그려 보는 습관이 필요하다.

입문자들이 종종 범하는 또 하나의 실수는 에티켓을 놓치는 것이다. 함께 경기를 하다 보면 자신의 샷에만 집중하고, 동반자의 플레이를 방해하거나 안전을 소홀히 하는 경우가 생긴다. 파크골프는 혼자가 아니라 함께 즐기는 운동이라는 사실을 잊지 말아야 한다. 작은 배려 하나가 경기 전체를 즐겁게 만든다.

마지막으로 중요한 실수는 마음의 조급함이다. 공이 뜻대로 가지 않으면 화를 내거나, 서둘러 다음 샷을 치려는 경우가 많다. 그러나 파크골프는 서두를수록 더 많은 실수를 부른다. 한 번의 샷은 이미 지나갔고, 중요한 것은 지금의 샷이라는 마음가짐을 갖는 것이 좋다.

입문자가 하는 실수들은 어찌 보면 당연한 과정이다. 누구나 처음에는 힘을 과하게 주고, 방향을 놓치며, 에티켓을 배워 가는 법이다. 그러나 이 실수들은 곧 경험이 되고, 경험은 실력을 만들어 준다. 중요한 것은 실수를 두려워하지 않고, 그 안에서 배우려는 태도다. 그렇게 한 발씩 나아가다 보면, 어느 순간 파크골프는 더이상 낯선 운동이 아니라, 몸과 마음에 익숙한 즐거움으로 다가올 것이다.

17. 연습과 실전

골프를 보면 많은 사람들이 라운드에 나가기 전 연습장을 들러 몸을 풀고, 평소에도 꾸준히 연습장을 찾는다. 기술을 다듬고 자신감을 얻기 위해서다. 파크골프 역시 마찬가지다. 진심으로 즐기는 사람들은 비용 부담이 크지 않다는 장점을 살려, 거의 매일 파크골프장을 찾아 연습을 한다. 그만큼 파크골프도 연습을 통해 더 잘하고, 더 성장할 수 있는 운동이라는 의미다.

파크골프에서 연습을 하는 이유는 분명하다. 첫째, 잘하기 위해서다. 단순히 공을 맞히는 것에서 그치지 않고, 원하는 거리와 방향으로 정확히 보내는 감각을 기르려면 반복 연습이 필요하다. 둘째, 성장하기 위해서다. 처음에는 20미터, 30미터 거리만 맞추던 사람이, 연습을 거듭하며 50미터, 70미터를 안정적으로 조절할 수 있게 된다. 셋째, 동반자와 호흡하기 위해서다. 파크골프는 혼자가 아니라 함께하는 경기이므로, 자신의 실력이 어느 정도 갖춰져야 동반자들과 리듬을 맞추며 즐겁게 플레이할 수 있다.

이제 파크골프도 단순히 한두 번 즐기는 여가 활동을 넘어, 꾸준한 연습이 일상이 되는 문화로 바뀌어야 한다. 특히 입문자들에게는 처음부터 연습 습관을 들이는 것이 중요하다. 처음 배울 때 가볍게 넘겨버리면 잘못된 습관이 몸에 배고, 그것을 고치려면 두 배의 노력이 든다. 반대로, 처음부터 바른 자세와 리듬으로 연습하는 습관을 들이면 실력이 훨씬 빨리 늘고, 파크골프를 오래도록 즐길 수 있다.

연습만으로는 부족하다. 필드에 나가 실전을 경험하면서 연습에서 배운 것을 적용해야 한다. 바람, 경사, 잔디의 상태 등은 연습장에서 느낄 수 없는 변수다. 실전은 기술을 확인하고 조정하는 장이다. 반대로 실전에서 느낀 부족함은 다시 연습장으로 가져와 보완할 수 있다. 이렇게 연습과 실전이 서로를 보완하는 순환이 이루어질 때, 파크골프 실력은 눈에 띄게 성장한다.

결국 연습은 단순히 공을 더 잘 치기 위한 과정이 아니다. 그것은 자신을 성장시키고, 동반자와의 호흡을 원활하게 하며, 파크골프를 진짜 즐거운 운동으로 만드는 밑거름이다. 입문자라면 지금부터 연습을 생활의 일부로 받아들이는 습관을 갖는 것이 무엇보다 중요하다. 그 습관이 파크골프 인생을 길고 풍요롭게 만들어 줄 것이다.

18. 경기 운영과 점수 관리

파크골프는 단순히 공을 치는 기술만으로 이루어지지 않는다. 경기를 어떻게 운영하고, 점수를 어떻게 관리하느냐가 곧 실력의 또 다른 얼굴이다. 입문자에게는 스윙만큼이나 중요한 부분이 바로 경기 운영 능력이다.

경기 운영의 첫걸음은 흐름을 지키는 것이다. 파크골프는 보통 네 명이 한 조가 되어 플레이한다. 먼저 친 사람이 플레이를 마칠 때까지 기다리고, 홀컵에서 가장 멀리 있는 사람부터 차례대로 치는 것이 기본이다. 이 질서를 지키면 경기의 흐름이 자연스럽고, 모두가 편안하게 경기에 집중할 수 있다. 반대로 서두르거나 차례를 어기면 분위기가 흐트러지고 불필요한 긴장이 생긴다.

또한 파크골프는 생각보다 페이스 조절이 중요하다. 한 타 한 타에 집착하다 보면 지나치게 느려지고, 반대로 너무 서두르면 실수가 잦아진다. 경기의 속도를 맞추는 것은 동반자를 배려하는 일이자, 스스로의 리듬을 지키는 길이기도 하다.

국내 파크골프장의 현실을 보면, 운영관리시스템이 자체적으로 되어 있거나 무료로 개방된 곳이 많다. 그래서 스코어카드가 비치되지 않은 곳도 많다. 이런 경우를 대비해 자신만의 작은 노트나 스코어북을 준비하는 것이 좋다. 한쪽에는 홀 번호를 적고, 옆에는 타수를 기록하는 식으로 간단히 만들 수 있다. 스코어북은 단순히 점수를 기록하는 도구가 아니라, 자신의 성장 과정을 보여주는 기록이 된다.

점수 기록을 제대로 하려면 기본 용어를 아는 것도 중요하다. 파크골프에서 사용하는 점수 관련 용어들은 골프와 유사하지만, 입문자가 쉽게 이해할 수 있도록 정리하면 다음과 같다.

- 파(Par): 한 홀의 기준 타수..
- 버디(Birdie): 기준 타수보다 1타 적게 홀컵에 넣었을 때. (예: 파3 홀에서 2타에 성공)
- 이글(Eagle): 기준 타수보다 2타 적게 홀컵에 넣었을 때. (파4 홀에서 2타 만에 성공)
- 보기(Bogey): 기준 타수보다 1타 더 친 경우. (파3 홀에서 4타에 성공)
- 더블 보기(Double Bogey): 기준 타수보다 2타 더 친 경우. (파3 홀에서 5타에 성공)

- 홀인원(Hole in One): 한 타 만에 홀컵에 넣은 경우. 파크골프에서도 드물지만 종종 나오는 특별한 순간이다.

이러한 용어를 이해하고 기록하면, 단순히 타수를 적는 것에서 벗어나 자신의 플레이를 분석할 수 있다. 예를 들어 "오늘은 보기 이상의 실수가 많았다"는 식으로 점검이 가능하다.

결국 점수 관리란 잘한 결과만 기록하는 것이 아니라, 자신의 플레이를 되돌아보고 성장의 계기를 찾는 과정이다. 파크골프는 기록이 남지 않으면 금세 잊혀지지만, 스코어북 한 권에는 당신이 쌓아온 경험과 실력이 고스란히 담긴다.

19. 대회 참여와 관전 포인트

파크골프를 처음 시작한 사람들에게 대회는 낯설고 멀게 느껴질 수 있다. 그러나 대회는 단순히 실력을 겨루는 자리가 아니라, 파크골프의 매력과 문화를 한눈에 느낄 수 있는 현장이다. 직접 참가하거나 관전만 해도 많은 것을 배우고, 새로운 동기부여를 얻을 수 있다.

대회에 참가하기 위해서는 (사)대한파크골프협회의 회원이 되는 것이 가장 좋은 방법이다. 협회는 전국 시·군·구 단위로 클럽이 조직되어 있어, 입문자가 생활체육으로 시작해 다양한 대회에 참여할 수 있는 길을 열어준다. 초급자는 편안하게 즐길 수 있는 대회에 나갈 수 있고, 실력이 향상되면 한 단계 높은 대회에 도전할 수도 있다. 이렇게 자기 수준에 맞는 무대에서 경험을 쌓아가는 것이 가장 바람직하다.

대회에 참가하는 과정은 자신의 실력을 점검하는 기회이자, 평소에는 경험하기 어려운 긴장감을 느껴볼 수 있는 자리다. 작은 실수도 크게 다가오고, 마음이 흔들리기도 하지만 그 안에서 집중력과 멘탈 관리가 자연스럽게 길러진다. 우승을 노리기보다 끝까지 흐름을 지키며 완주하는 것만으로도 충분히 값진 경험이 된다.

또한 대회는 다양한 사람들을 만나는 장이기도 하다. 지역 동호인부터 전국 각지에서 모인 선수들까지, 파크골프에 진심인 사람들과의 만남은 큰 자극이 된다. 함께 코스를 돌며 나누는 대화 속에는 기술적인 조언은 물론, 생활 속에서 파크골프를 즐기는 지혜도 담겨 있다.

관전 또한 중요한 배움의 기회다. 숙련자들이 어떤 상황에서 어떤 선택을 하는지, 어떻게 힘을 조절하고 리듬을 만드는지를 지켜보면 책에서는 얻을 수 없는 깨달음을 얻는다. 홀컵 가까이에서의 침착한 퍼팅, 러프에서의 탈출, 동반자와 나누는 작은 배려까지 모두가 살아있는 교과서다. 단순히 "누가 이겼나"에 집중하기보다, "저 사람은 왜 저렇게 플레이했을까?"를 묻는 태도가 더 큰 공부가 된다.

그리고 더 나아가, 파크골프를 단순한 취미가 아니라 직업으로 삼고 싶은 사람들에게는 또 다른 길도 열려 있다. 바로 프로 파크골프 선수에 도전하는 것이다. 프로 테스트를 통과하면 정식 프로 자격을 갖추게 되고, 이후에는 프로 대회에 출전하며 자신의 기량을 겨루고 새로운 커리어를 만들어 갈 수 있다. 이것은 파크골프가 생활체육을 넘어 전문 스포츠이자 하나의 산업으로 성장하고 있음을 보여준다.

결국 파크골프 대회는 경쟁만을 위한 자리가 아니다. 협회를 통해 생활체육에서 출발해 다양한 대회에 참여하거나, 나아가 프로의 길까지 도전하는 과정은 단순한 숫자 이상의 의미를 갖는다. 그 안에는 사람들과 함께한 시간, 새로운 배움, 그리고 자신을 성장시키는 경험이 담겨 있다.

20. 파크골프가 주는 즐거움

파크골프를 처음 접한 사람들은 "이 단순한 운동이 뭐가 그리 재미있을까?" 하고 묻곤 한다. 그러나 막상 클럽을 잡고 첫 홀을 돌아보면, 생각보다 큰 매력에 빠져든다. 단순히 공을 치는 운동이 아니라, 자연 속에서 사람들과 함께 어울리고, 매번 다른 상황에 도전하며 자신을 발견하는 과정이기 때문이다.

무엇보다 파크골프는 함께하는 즐거움이 크다. 친구와, 가족과, 때로는 처음 만난 사람과도 한 조를 이루어 경기하며 자연스럽게 인연을 맺는다. 세대를 넘어 손주와 할아버지가 함께 즐길 수 있고, 부부가 같은 취미로 나누는 대화 속에서 관계가 깊어진다. 파크골프는 단순한 스포츠를 넘어 사람을 이어 주는 매개체다.

또한 파크골프는 자연을 만나는 운동이다. 바람, 햇빛, 풀 내음, 새소리 속에서 걷고 스윙하다 보면 몸과 마음이 함께 풀린다. 도심 속 파크골프장도 있지만, 대부분은 자연을 살린 공간에 자리해 있어, 일상에서 벗어난 휴식과 치유의 시간을 준다.

파크골프의 또 다른 즐거움은 성장의 기쁨이다. 처음에는 공을 맞히는 것조차 쉽지 않지만, 조금씩 거리감이 맞아가고, 원하는 방향으로 공이 굴러가기 시작하면 스스로에게 놀라게 된다. 작은 성취가 이어지며 자신감이 생기고, 그 과정에서 파크골프는 삶을 긍정적으로 바꾸는 힘이 된다.

그리고 파크골프는 누구나 즐길 수 있는 평생 스포츠다. 나이에 관계 없이, 체력의 차이와 상관 없이, 자신의 속도에 맞추어 즐길 수 있다. 그 속에서 자연스럽게 건강을 지키고, 새로운 친구를 사귀며, 일상의 활력을 얻는다.

요즘은 파크골프가 정말 생활 속에 깊숙이 들어왔음을 쉽게 느낄 수 있다. 주말 아침 공원에서 파크골프 가방을 멘 이들을 만나는 것은 흔한 풍경이 되었고, 서울에서는 지하철 안에서도 출근길이나 퇴근길에 파크골프 가방을 든 사람들을 종종 볼 수 있다. 직장 내에서 동호인 모임을 하는 경우도 늘고 있다. 이런 모습은 파크골프가 더 이상 특별한 취미가 아니라, 일상 속에서 누구나 즐기는 생활문화로 자리 잡았다는 증거다.

마지막으로, 파크골프는 도전과 성취의 기회를 함께 준다. 생활체육으로 즐기다가 대회에 참가할 수도 있고, 진심으로 원한다면 프로의 길에 도전할 수도 있다. 취미와 직업, 여가와 목표 사이를 자유롭게 넘나들 수 있는 유연한 길이 열려 있는 것이다.

결국 파크골프가 주는 즐거움은 단순한 한두 가지가 아니다. 그것은 함께 걷고, 함께 웃고, 함께 성장하는 과정 전체에 있다. 파크골프를 시작하는 순간, 당신의 삶에는 더 많은 웃음과 더 깊은 만남, 그리고 새로운 의미가 찾아올 것이다.

● 에필로그

돌이켜보면, 파크골프는 내 인생의 축소판이었다.
때로는 순탄했고, 때로는 험난했지만, 결국 그 모든 과정이 오늘의 나를 만들었다.

누군가는 파크골프를 단순한 스포츠라 말하지만 내게는 사람을 잇고, 마음을 회복시키는 삶의 철학이었다. 티샷에서 시작해 퍼팅으로 마무리되는 한 라운드처럼, 인생도 결국은 '함께 걷는 여정'임을 파크골프가 가르쳐 주었다.

공이 굴러가는 방향은 우리가 던진 마음과 닮아 있다. 정확히 맞히려는 욕심보다는 진심으로 보내려는 마음이 더 멀리, 더 아름답게 나아간다. 나는 파크골프를 통해 그 단순한 진리를 깨달았다.

요가를 가르치고 있는 아내의 고객 중에는 올해 아흔이 넘은 한

육군 장군이 계신다. 어느 날 그분이 내 파크골프 칼럼을 읽고 이렇게 말씀하셨다. "내가 왜 그토록 무겁고 복잡한 14개의 골프클럽을 끝까지 놓지 못했을까. 파크골프처럼 단 하나의 클럽으로 충분히 즐길 수 있는 스포츠가 있었다면, 나는 훨씬 일찍 마음의 여유를 되찾았을 것이다." 그 말은 내게 큰 울림으로 남았다. 골프가 기술의 세계라면, 파크골프는 마음의 세계다. 적은 장비로도 더 큰 행복을 느낄 수 있다는 것은 인생이 우리에게 주는 가장 단순하고도 깊은 진리이기도 하다.

이제 나는 또 한 번의 티잉그라운드 앞에 서 있다. 수많은 홀을 지나왔지만, 여전히 새로운 코스가 남아 있고 그 길의 끝에는 또 다른 사람, 또 다른 이야기가 기다리고 있다.

파크골프는 여전히 진행 중이다. 그리고 나는 앞으로도 이 길을 걸을 것이다. 누군가의 첫 라운드에 동행하고, 누군가의 인생이 다시 시작되는 순간을 함께하고 싶다.

이 책이 파크골프를 사랑하는 모든 이들에게 하나의 나침반이 되길 바란다. 단지 공을 치는 운동이 아니라, 사람을 이해하고 자신을 돌아보는 인생의 라운드로 기억되기를 바란다.

오늘도 잔디 위에서 새 바람이 분다. 그 바람 속에서 나는 다시 한 번 마음을 가다듬고, 새로운 티샷을 준비한다.

언제나처럼, 진심을 담아.

● 감사의 마음

파크골프는 결코 혼자 걸어온 길이 아니었다. 이 작은 공이 한국 땅에 뿌리를 내리고, 수많은 사람들의 인생을 바꾸기까지 정말 많은 분들의 손길과 마음이 함께했다.

먼저, 한국에 파크골프를 처음 도입할 수 있도록 도움을 주신 일본 PGJ의 나카무라 케이고 대표께 깊은 존경과 감사를 드린다. 그는 파크골프의 철학과 정신을 처음 알려주신 분이자, 지금까지도 변함없이 함께해 주고 계신 든든한 동반자이시다.

파크골프를 도입하던 초기부터 지금까지 한결같이 조언과 격려를 보내주신 오휘영 교수님, 서명원 선생님, 오진학 회장님, 그리고 늘 현장에서 방향을 잡아주신 김영관 형님과 전영웅 형님, 권혁중 형님께 진심으로 감사드린다.

도시공원 속에서 파크골프가 자리잡을 수 있도록 애써주신 김인기 사장님과 LH (구 한국토지공사) 관계자분들께도 감사드린다. 여러분의 노력이 있었기에 파크골프가 '생활 속의 공원 스포츠'로 자리매김을 할 수 있었다.

"장애인들에게 잔디를 밟게 해주어 너무 고맙다"라는 마지막 인사를 남겨주셨던 고 김광성 형님(대한장애인골프협회 회장 역임). 그분의 따뜻한 마음과 헌신은 지금도 우리 모두의 기억 속에 살아 있다.

초창기부터 같은 뜻으로 함께 걸어주신 박경래 형님과 손증철 형님께도 감사드린다. 손증철 형님께서는 파크골프가 제도권 안으로 들어올 수 있도록 헌신해 주셨고, 박경래 형님은 교육과 산업의 연결을 통해 파크골프의 발전과 전문화를 이끄셨다.

대한민국 파크골프협회의 기틀을 세우고 파크골프의 공공성과 저변 확대를 위해 애써주신 유용태 회장님, 이금용 회장님께도 존경을 드린다.

그리고 특히 홍석주 회장님께 깊은 감사를 드린다. 파크골프의 제도적 안정과 협회의 신뢰를 회복하기 위해 누구보다 노력해 주시고 있으며, 혼란스러운 시기 속에서도 늘 중심을 잡아주신 분이다. 현장의 소리를 귀담아듣고 동호인과 함께 호흡하며 파크골프가 생활체육의 한 축으로 자리잡을 수 있도록 큰 발자취를 남기고 계신 분이다.

또한 이정길 회장님께 진심으로 감사드린다. 프로 파크골프의 새로운 시대를 여는 데 결정적인 역할을 하셨으며, 생활체육에서 프로 시스템으로의 도약이라는 역사적 전환점을 함께 만들어주셨다. 이정길 회장님의 통찰과 결단은 파크골프의 미래를 위한 중요한 방향을 제시해 주었다.

늘 곁에서 묵묵히 함께해 주신 지병덕 형님께 깊은 감사를 드린다. 지난 23년 동안 한결같은 믿음과 헌신으로 파크골프의 길을 함께 지켜주셨다. 또한 새로운 도전의 여정에서 함께 힘이 되어 주신 이수일 대표께도 감사드린다. 짧은 시간이지만 진심과 열정으로 K-파크골프의 변화에 함께해 주셨다.

2009년 동탄신도시 파크골프장에서 처음 만나 지금까지 파크골프의 삶을 함께 걸어온 최동표 형님께도 깊은 우정과 감사의 마음을 전한다.

경희대학교 김도균 교수님께 깊이 감사드린다. 일본과 한국의 파크골프 현장을 함께하며 나누었던 말씀들이 이 책을 쓰는 데 영감을 불러일으켜 주었다. 따뜻한 격려와 조선, 진심어린 응원에 감사드린다.

또한 프로 파크골프의 새로운 시대를 함께 열어가고 있는 김재환 교수님, 이두희 교수님, 진영호 작가님께도 진심으로 감사드린다. 여러분의 전문성과 열정이 프로파크골프의 비전과 철학을 더욱 단단하게 세워주고 있다.

그리고 최근 파크골프의 현장에서 뜨거운 열정으로 함께 뛰고 있는 서청수 대령께도 감사드린다. 그 열정이 많은 이들에게 좋은 자극이 되고 있다.

이 책이 세상에 나올 수 있도록 용기를 주신 이상훈 형님(소설가)과 여백출판사 김태윤 대표와 편집부 여러분의 도움에 감사의 뜻을 전한다.

파크골프를 통해 지난 25년 동안 만나고 도움받은 모든 분들의 이름을 다 적지 못함이 오히려 죄송할 뿐이다. 그 모든 인연을 소중히 마음에 새긴다. 그리고 무엇보다, 전국 각지에서 파크골프를 사랑하며 함께 걸어온 수많은 동호인 여러분께 진심으로 감사드린다. 여러분의 웃음과 열정, 그리고 묵묵한 한 걸음 한 걸음이 오늘의 파크골프를 만들었다고 믿는다.

이 책은 그 모든 동호인들의 땀과 마음 위에 세워진 작은 헌정입니다.

저자 識

부록
파크골프 경기 규칙

제1장 에티켓

제1조 파크골프 경기의 기본정신
파크골프 경기는 다른 경기자들을 배려하고 스스로 규칙을 준수하는 경기자의 성실성 여하에 달려 있다. 따라서 모든 경기자는 경기하는 방법에 관계없이 언제나 규칙에 따라 스스로 절제된 태도로 공정한 행동을 하고 동반자에게 예의를 지켜야 한다. 이것이 파크골프 경기의 기본정신이다.

제2조 안전 확인
1. 경기자는 스윙 전에 스윙 반경 내 다른 경기자가 근접해 있는가를 확인하고 안전거리를 확보하여야 한다.
2. 동반자 전원이 샷을 끝낼 때까지 먼저 앞으로 나가서는 안 된다.
3. 경기자는 공을 잘못 쳐서 동반자 또는 국외자가 공에 맞을 위험이 있는 경우는 큰소리로 신속히 경고를 하여야 한다.
4. 다른 홀로 공이 넘어가서 경기자가 다른 홀로 진입시는 그 홀의 경기자의 경기 진행 여부를 사전 확인 후 양해를 받아 진입하여야 한다.

제3조 다른 경기자에 대한 배려
1. 경기 방해의 금지
   - 가. 경기자는 항상 코스에서 동반자를 배려하여야 하며, 움직이거나 말하는 등 불필요한 잡음을 내서 경기를 방해하여서는 안 된다.
   - 나. 휴대폰의 소음 등으로 경기를 혼란시키지 않도록 하여야 한다.
   - 다. 경기자가 샷을 준비하면 동반자는 정숙하여야 한다.
   - 라. 경기에 참가하고 있는 선수에게 경기에 영향을 줄 수 있는 조언을 하여서는 안 된다. 단, 포섬 경기시는 팀원끼리 조언이 가능하다.

바. 경기자끼리 감정을 상하게 하는 말과 행동을 하여서는 안 된다.
2. 그린 위에서
    가. 경기자는 동반자의 퍼팅 라인을 밟아서는 안 된다.
    나. 경기자가 퍼팅을 할 경우 동반자가 움직이거나 경기자의 퍼팅 라인에 동반자의 그림자를 만들어서는 안 된다.
    다. 조원 모두가 컵인으로 홀아웃 할 때까지 그린 주변에 대기한다.
3. 스코어 기록
    가. 샷을 하기 전에 "이름과 타수"를 말하여 기록에 착오가 없도록 한다.
    나. 조원 모두가 홀 아웃하게 되면 후속조에게 수신호를 주고 다음 홀로 신속히 이동하여 스코어 카드를 기록하며, 상호 확인하여야 한다.
4. 파크골프 용어 사용
    가. 경기자는 경기를 하면서 상황에 맞는 파크골프 용어를 사용하도록 한다.
    나. 파크골프 용어는 "부록 1"을 참조한다.

제4조 경기 속도

1. 약간 빠른 속도 유지
    가. 앞 조와 속도를 맞추는 것은 조원 모두의 책임으로 경기자는 샷을 한 다음에 약간 빠르게 이동을 하여 다음 경기를 준비하여야 한다.
    나. 1개 홀이 비어 있지만 초보자 등으로 지연되는 경우에 후속 조가 먼저 경기를 할 수 있도록 양보한다.
    다. 임의로 비어 있는 홀로 진입하여 경기진행을 방해하거나 경기 속도를 지연하여서는 안 된다.
2. 경기할 준비

가. 경기자는 샷 순서에 따라 바로 경기에 임할 수 있도록 항시 준비를 하여야 한다.
나. 1개조 인원은 3~4명으로 편성하여 경기를 한다.

제5조 코스 보호
1. 잔디 보호를 위해 운동화, 골프화를 착용하며 잔디에 손상을 주는 등산화, 구두, 부츠 등을 착용하여서는 안 된다.
2. 샷으로 인하여 잔디가 패이거나 클럽으로 내리쳐서 잔디가 손상되지 않도록 주의한다.
3. 샷으로 인하여 잔디가 패였을 경우는 잔디를 보수하여야 한다.
4. 코스 내에서는 금연하고 껌과 침을 뱉는 행위를 금한다.
5. 코스 내에서는 음식물 섭취는 금하며, 쓰레기를 버리지 않는다.

제6조 에티켓 위반 시 조치
1. 경기자가 에티켓을 준수하지 않아 벌타를 부여받는 경우는 없으나 에티켓을 준수하게 되면 더 즐거운 경기를 하게 될 것이다. 경기자가 동반자의 경기를 방해하거나 기물 파손 등의 중대한 에티켓을 위반한 경우 대회위원(회)은 퇴장 조치 또는 대회에서 경기 실격을 시킬 수 있다.
2. 경기자가 이 규칙을 무시하고 동반자의 경기를 방해하거나 기물 파손의 피해 정도에 따라 필요한 경우 스포츠공정위원회에 제소한다.

제2장 경기 규칙

제7조 스트로크 경기 총칙
1. 파크골프는 경기자가 1개의 클럽과 1개의 공으로 첫 번째 홀의 티잉 그

라운드에서 1회 이상의 스트로크로 경기가 이루어진다.
2. 별도의 규칙이 있는 경우를 제외하고 스트로크를 한 자신의 공을 집어 들고 원래 위치에 되돌아가서 다시 경기를 할 수 없다.
3. 홀컵과 가깝지 않게 2클럽 이내의 지역 정의
    가. 홀컵과 가깝지 않게 2클럽 이내의 지역이란 공을 집어들고 처치할 경우에 OB라인을 벗어난 지점에서 깃대를 보고 수직방향으로 서서 양팔을 벌려 좌·우측으로 2클럽 이내의 후방 반원이다.
    나. OB의 경우는 2개 OB 말뚝(라인) 연장선 외측을 벗어난 지점, 그리고 언플레이어블의 경우는 공이 정지되어 있는 지점에서 깃대를 보고 수직방향으로 서서 양팔을 벌려 좌·우측으로 2클럽 이내의 후방으로 반원지역 내 샷이 가능한 지점이다.
    다. 앞의 각호를 위반 시에는 2벌타를 부여한다.
4. 코스의 비정상정인 상태(수리지, 캐주얼 워터, 배수구, 예비 홀컵, 스프링쿨러)에 놓인 공과 분실구 등의 가까운 지점으로 처치 방법
    가. 예비 홀컵 위 또는 걸쳐 있는 경우의 공은 클럽헤드 2개 길이만큼 그리고 캐주얼 워터, 수리지, 배수구, 스프링쿨러에서는 페어웨이 좌·우측 가까운 방향으로 처치할 경계선에서 홀컵에 가깝지 않게 2클럽 이내로 이동하여 공을 놓는다.
    나. 분실구는 분실되었다고 추정되는 지점에서 가장 가까운 지점으로 선정하는데 스탠스와 스트로크가 가능한 위치에서 홀컵과 가깝지 않게 2클럽 이내로 이동하여 공을 놓는다.
    다. 앞의 각호를 위반 시에는 2벌타를 부여한다.

제8조 파크골프 벌타

1. 모든 벌타는 2타를 부여한다.

제9조 스트로크 경기

1. 한 홀마다 타수를 누계하여 코스별로 합산한 총 타수로 순위를 정하는 경기방법이다.
2. 합의의 반칙
   -경기자는 규칙의 적용을 배제하거나 부여받은 벌타를 면제하기로 합의하여서는 안 된다. 이를 위반하였을 경우에는 해당자 모두를 경기 실격으로 처리한다.

제10조 용구

1. 경기자가 사용하는 클럽에다 경기에 영향을 주는 부속물을 장착하여서는 안 된다.
2. 경기자는 1개 클럽과 공으로 정해진 코스를 경기하여야 한다. 경기자의 클럽이 통상적인 경기 진행 중에 손상되었거나 혹은 분실하였을 경우는 다른 클럽으로 교체할 수 있다. 다만, 이후 분실된 클럽이 발견된 경우에는 이것을 다시 사용할 수 있으며, 어느 경우라도 동반자의 확인 또는 대회 본부의 재검사를 받아야 한다.
3. 앞의 각항을 위반 시에는 경기 실격으로 처리한다.

제11조 경기에 적합하지 않은 공

1. 공에 잔금이 있거나 찌그러졌거나 갈라진 것이 보이면 그 공은 경기에 부적합한 공이다. 경기 중인 자신의 공이 경기에 부적합하다고 판단할 경우에 경기자는 그 홀의 경기 중에 벌타 없이 동반자에게 공을 확인시킬 의사를 밝히고 볼 마커로 마크한 후 공을 집어들어야 한다.
2. 이때, 그 공이 경기에 적합하지 않다고 동반자의 확인을 받았을 경우 경기자는 예비 공으로 교체하여 마크한 지점에 공을 놓고 경기를 한다.

만약, 확인을 얻지 못한 경우의 공은 마크한 지점에 다시 내려놓고 경기를 한다.
3. 스트로크를 한 결과, 공이 2개 이상으로 분리되었거나 분리되기 직전의 상태인 경우는 그 스트로크를 취소하고 경기자는 예비 공을 사용하여 스트로크를 하였다고 추정되는 지점에서 벌타 없이 경기를 한다.

제12조 경기자의 책임

경기자는 경기 진행에 필요한 아래 조건을 숙지하여야 한다.
1. 용구
  용구의 관리 책임은 경기자 자신에게 있으므로 식별할 수 있는 표시를 한다.
2. 스코어카드 기록관리
  가. 경기자는 홀아웃 시마다 조원끼리 타수를 확인하고 자신의 스코어카드에는 동반자 전원의 타수를 기록한다. 만약, 심판(홀 진행요원)이 있는 경우는 경기자 모두의 타수를 기록하며, 경기자는 홀마다 자신의 타수를 확인하여야 한다. 단, 전자기기(PAD, LED전광판 등)를 사용하는 대회에서는 타수 기록, 관리하는 방법을 달리할 수 있다.
  나. 경기가 종료되면 경기자는 조원끼리 각 홀의 타수와 합계 결과를 확인하고 경기자 모두가 서명을 하여 신속하게 대회 본부에 스코어카드를 제출하여야 한다. 이때, 카드 미제출 및 서명 누락자는 경기 실격으로 처리한다.
  다. 본인 서명 후 제출한 스코어카드는 그 기재 내용의 변경을 인정하지 않는다.
  라. 경기자가 특정 홀의 타수와 합산을 실제 타수보다 적게 기록하여 제출한 경우는 경기 실격으로 처리한다. 반대로 경기자가 실제 타수보

다 더 많은 타수를 기록하여 제출하였을 경우 그 타수는 그대로 처리한다.
3. 지연 경기
    가. 경기자는 경기 속도를 고의로 지연시켜서는 안 되며, 1개 홀의 경기가 종료되면 신속히 다음 홀로 이동하여 스코어카드를 기록한다.
    나. 경기자는 앞 조와의 간격이 2개 홀 이상 뒤처지지 않도록 해야 하는데 발생 시 사유에 따라 대회 본부에서 해당 조원 모두에게 2벌타를 부여한다.

제13조 연습 스트로크
1. 경기자는 경기 당일 코스 내에서 공을 치는 연습 스트로크를 하여서는 안 된다.
2. 경기 중에도 공을 치는 연습 스트로크를 하여서는 안 된다.
3. 앞의 각항을 위반 시에는 경기 실격으로 처리한다.

제14조 경기 순서
1. 홀에서 제일 먼저 경기할 권리를 부여받은 사람을 오너라고 말한다. 경기 시작 홀에서 티샷 순서는 순서 뽑기 또는 가위바위보로 이긴 자 순으로 한다. 다음 홀부터는 전 홀의 최저타수의 경기자가 오너가 되고, 적은 타수 순으로 경기를 한다. 만약, 전 홀의 타수가 같은 경우에는 그 이전의 홀의 타수를 비교하고 순서를 정하여 경기를 한다.
2. 티샷 후 다음 샷 순서는 깃대에서 가장 먼 공의 경기자가 먼저 경기를 하여야 한다. 2개 이상의 공이 깃대에서 비슷한 거리에 있을 경우는 경기자끼리 순서를 정하여도 좋으나 결정하기 어려운 경우는 이전의 샷 순서대로 경기를 한다.

3. 개인전 또는 단체전 팀간 샷 하는 순서를 지키지 않은 경우에는 에티켓 위반으로 무벌타 처리한다.

단, 단체전 중 일반 포섬(팀별로 공 1개씩 경기)은 시작하는 홀의 티샷부터 경기가 종료할 때까지 위반 시 해당 팀에게 2벌타씩을 부여하며, 베스트 볼을 적용하는 포섬(팀별로 공 2개씩 경기)은 홀마다 모두 티샷 하고서 선택한 공으로 세컨드 샷부터 홀아웃할 때까지 위반 시 해당 팀에게 2벌타씩을 부여한다.

제15조 티잉 그라운드

제15-1조 티잉 그라운드의 티업

1. 홀마다 티샷은 티 위에 공을 올려놓고 샷을 하여야 한다.
2. 경기자는 지정된 티잉 그라운드 이외 장소에서 티샷을 할 수 없다.
3. 경기자는 티잉 그라운드 내에서 티샷을 하는데 발이 일부분이라도 티잉 그라운드 밖으로 벗어나서 스트로크를 하여서는 안 된다.
4. 방향을 정하는 표시물을 공 앞에 놓고 티샷을 하여서는 안 된다.
5. 앞의 각 항을 위반할 경우는 2벌타를 부여한다.
6. 티잉 그라운드에서 스트로크에 의하지 않고 무의식적으로 클럽이 공에 접촉하여 공이 티에서 떨어진 경우에는 1타를 가산하지 않고 다시 티샷을 한다.
7. 티샷을 하였으나 1회 이상 공을 맞히지 못한 경우는 스트로크를 하지 않은 것으로 간주하며, 이는 매너위반 행위이다.

제15-2조 티업한 공이 떨어진 경우

1. 경기자가 스윙을 하지 않았는데 공이 티에서 떨어졌을 경우 벌타 없이 다시 티샷을 할 수 있다.

2. 티샷을 한 결과, 공이 티잉 그라운드에 놓인 경우 연속하여 세컨드 샷을 하여야 한다.
3. 티샷을 하였는데 공이 클럽 헤드에 살짝 맞거나 바람 영향을 받아 티에서 떨어진 경우는 스트로크를 한 것으로 간주한다.
4. 티샷을 포함하여 샷을 하기 전에 연습스윙은 필요 시 1회만 실시하며, 이때 공을 맞춘 경우는 스트로크를 한 것으로 간주하고 정지한 지점에서 다음 경기를 한다.
5. 티샷을 한 공이 장애물을 맞고 티잉 그라운드 후면에 정지된 경우는 OB로 판정하고 처치는 공이 티잉 그라운드 후면 경계선을 벗어난 지점에서 깃대를 보고 수직방향으로 서서 양팔을 벌려 좌·우측으로 2클럽 이내에 샷이 가능한 지점에 공을 놓고 다음 경기를 한다.

제15-3조 홀을 잘못 진입한 경우
1. 다른 홀로 진입하여 티잉 그라운드에서 1명 이상 티샷을 하였을 경우 조원 모두는 그 홀을 홀아웃하고 원래 순서의 홀로 되돌아가서 경기를 하여야 한다. 이 경우에는 잘못 진행한 1개 홀에 대한 2벌타를 부여한다.
2. 또한, 다른 홀로 진입하여 연속된 경기를 하게 되면 원래 순서의 홀에서 조원 모두에게 잘못 진행한 모든 홀의 수에 2벌타씩 부여하여 기록한다. 이때, 원래 순서의 홀에서 타수 기록 시 더블파를 적용하지 않는다.(로컬룰 해당이 안 됨)

제16조 공은 있는 그대로의 상태에서 경기
1. 별도의 규칙이 있을 경우를 제외하고 공은 있는 그대로의 상태에서 경기를 하여야 한다. 이때, 경기자에 의해 무의식적으로 움직인 공은 무

벌타로 구제한다.
2. 경기자는 스트로크 중인 경우를 제외하고 수목, 긴 풀 등의 생장물에 접촉하거나 움직일 수 없는 장애물을 정리하여 자신의 공 주변 상황을 개선하여서는 안 된다.
3. 클럽 헤드는 어드레스하는 경우에만 공 뒤쪽 지면에 닿을 수 있다. 이때, 목표 방향 쪽으로 표시물을 놓거나 클럽 헤드가 지면에 닿아서는 안 된다.
4. 경기자는 스탠스를 취하는 경우 양발을 지면에 두면서 임의로 스탠스 장소를 만들어서는 안 된다. 단, 벙커에서는 예외로 한다.
5. 앞의 각 항을 위반 시에는 2벌타를 부여한다.

제17조 어드레스와 스트로크

1. 티샷 후 다음 샷을 위해 경기자가 어드레스를 하면서 클럽헤드가 공에 접촉하여 공이 움직이면 스트로크로 간주하고 1타를 가산한다.
2. 경기자가 스트로크를 할 경우에 클럽 헤드가 공에 접촉하기 전에 스윙을 정지하거나 또는 스트로크의 의사가 있어도 헛 스윙이 되어 공이 움직이지 않으면 스트로크를 하지 않은 것으로 간주한다. 다만, 헛 스윙이 되어 공이 움직인 경우에는 스트로크를 한 것으로 간주한다.
3. 경기자가 클럽 헤드가 아닌 샤프트, 그립 끝으로 공을 쳐서는 안 된다.
4. 정상적인 스윙으로 공을 쳐야 하는데 백스윙 없이 밀어내기, 당기기, 퍼올리기 등을 하여서는 안 된다.
5. 경기자는 1회의 스트로크 중, 클럽에 2회 이상 공이 접촉되어서는 안 된다.
6. 경기자는 자신의 공이 움직이고 있는 중에 스트로크를 하여서는 안 된다.

7. 제3항, 제4항, 제5항, 제6항을 위반을 하였을 경우 그 경기는 스트로크로 간주하여 1타를 가산하며, 또한 부정타로 인정하여 2벌타를 부여한다.
8. 경기자가 스트로크한 공이 움직이고 있는 중에는 다음 순서의 경기자가 스트로크를 하지 않아야 한다.

제18조 뒤바뀐 공, 교체한 공

1. 경기자가 동반자의 공으로 스트로크를 한 경우에 타수는 가산하지 않고 동반자의 공을 원위치하며, 자신의 공 위치에서 2벌타를 부여하고 다음 경기를 하여야 한다. 만약, 뒤바뀐 공의 해당자 모두가 스트로크를 한 후에 알았을 경우는 그 홀을 홀아웃할 때까지 바뀐 공으로 진행하고 해당자 모두에게 2벌타를 부여한다.
2. 다만, 1번 홀에서 공의 거치대에 있는 다른 경기자의 공으로 티샷을 한 경우는 무벌타이며, 그 공을 회수하고 자신의 공으로 다시 경기를 한다.
3. 경기자가 1개의 코스 내에서 공의 교체를 원할 경우 다음 코스 1번 홀에서만 가능하다. 이를 위반시는 2벌타를 부여한다. 다만, 다른 공으로 교체하는 것이 허용되는 경우는 예외로 한다.

제19조 그린 위의 깃대

홀컵에 세워진 깃대는 뽑지 않고 경기를 하여야 한다. 이를 위반 시는 벌타를 부여한다.

제19-1조 그린 위의 공

1. 그린 위의 공이 홀컵에서 2클럽 이내인 경우 경기자는 동반자에게 통

보하고 우선해서 마크하거나 컵인을 실시하며, 필요 시 그대로 둘 수가 있다.
2. 컵인을 하지 않고 다음 홀에서 티샷을 한 경우는 해당 홀에서 실격 처리를 한다.(로컬룰을 적용한 경우에는 실격이 아닌 로컬룰에 따른다)
3. 공의 일부가 홀컵 주변에 걸려있는 경우는 그 상황 시점부터 10초 내 홀컵에 들어가면 컵인으로 인정한다.

제20조 공이 움직이거나, 방향이 변경되거나, 정지된 경우

경기자의 스윙에 의하지 않고 공이 정지된 위치에서 다른 위치로 이동하여 정지된 경우 그 공은 움직인 것으로 간주한다.

제20-1조 정지된 공이 움직인 경우

1. 정지된 공이 국외자 및 동반자에 의해 움직이게 된 경우 그 공은 움직이기 전에 있었다고 추정되는 지점에서 경기를 하여야 한다.
2. 경기자가 스트로크를 하기 전에 경기자의 동작에 의하지 않고 공이 움직인 경우에는 그 스윙을 중지하고 그 공이 정지된 지점에서 경기를 하여야 한다. 이 경우에 스트로크는 하지 않은 것으로 간주한다.
3. 경기 중인 공은 경기자가 임의로 공을 집어 올리거나 건드리면 벌타를 부여하고 원래 있었다고 추정되는 위치에 놓고 경기를 하여야 한다.
4. 경기자가 움직일 수 있는 장애물을 제거하는 과정에서 공이 움직인 경우는 벌타 없이 그 공을 원래 있었다고 추정되는 지점에 놓고 경기를 하여야 한다.
5. 정지되어 있는 동반자의 공이 경기자의 공에 의해 움직인 경우에는 누구에게도 벌타는 없고 경기자의 공은 정지된 지점에서, 동반자의 공은 추정되는 원래 지점으로 경기자가 원위치를 해야 하는데, 필요 시 다른

동반자가 해주어 다음 경기를 하여야 한다.
6. 앞의 각 항을 위반 시에는 2벌타를 부여한다.

제20-2조 움직이고 있는 공이 방향을 변경하거나 정지된 경우
1. 움직이고 있는 공이 국외자 또는 동반자에 의해 방향을 변경하거나 정지하였을 경우는 벌타는 없으며, 그 공은 최종 정지된 지점에서 경기를 하여야 한다. 이때, 동반자가 고의적으로 경기자의 공을 멈추게 하거나 움직인 경우는 동반자에게 벌타를 부여한다.
2. 경기자의 공이 움직이고 있는 중에 자신에 의해 방향을 변경하거나 정지된 경우는 경기자에게 벌타를 부여하고 공이 멈춰진 위치에서 경기를 하여야 한다.
3. 경기자가 스트로크한 공이 움직이고 있는 중에 다음 순서인 동반자가 스트로크를 하여 경기자의 공과 충돌하여서는 안 된다. 만약, 충돌한 경우에 2개 공은 정지된 위치에서(OB 시에는 OB 처치) 다음 경기를 하여야 하며, 동반자에게 벌타를 부여한다.
4. 앞의 각 항을 위반 시에는 2벌타를 부여한다.

제21조 처치
제21-1조 공을 집어올림
1. 세컨드 샷부터 집어 올린 공은 원위치에 놓아야 하므로 사전에 그 공의 위치를 마크하여야 한다. 만약, 마크를 하지 않고 집어든 공은 원래 있었다고 추정되는 지점에 놓고 경기를 하여야 한다.
2. 마크를 요구받았을 경우는 홀컵을 바라보고 볼 마커를 공 뒤에 놓고 공을 집어 올려야 한다. 이때, 마크를 하는 중에 공을 건드려서 움직이면 벌타 없이 공을 원위치하며, 필요 시 다른 동반자가 마크를 해줄

수 있다.
3. 세컨드 샷부터 볼 마커가 동반자의 경기에 방해가 될 경우는 클럽헤드 2개 길이까지 좌·우측으로 이동할 수 있다. 이때, 볼 마커를 이동하는 순서와 원위치하는 방법을 준수하여야 한다.
4. 앞의 각 항을 위반 시에는 2벌타를 부여한다.

제21-2조 공을 원위치에 놓음(리플레이스)

1. 마크한 공은 경기자 자신이 원위치한다.
2. 볼 마커를 못 찾았거나 옮겨져서 원위치를 확정할 수 없는 경우는 그 공이 정지되어 있었다고 추정되는 지점에 놓아야 한다. 이를 위반 시에는 2벌타를 부여한다.

제21-3조 공을 놓음(플레이스)

1. 공을 놓을 경우는 경기자 자신이 놓아야 한다. 경기자에 의하여 움직여진 동반자의 공은 원래 있었다고 추정되는 지점으로 경기자(필요 시 다른 동반자)가 이동시켜야 한다.
2. 움직여진 공의 위치를 확정할 수 없을 경우는 그 공이 정지되어 있었다고 추정되는 지점에 놓아야 한다.
3. 공을 놓았는데 공이 계속 움직일 경우는 깃대에 가깝지 않게 공이 정지될 수 있는 가까운 지점에 놓아야 한다.

제21-4조 경기에 방해되는 공

1. 경기자는 동반자로부터 자신의 공을 마크하도록 요구받았을 경우는 마크를 하거나 동반자의 동의하에 먼저 샷을 할 수 있다. 이 경우에 집어 올린 공은 원위치하여야 한다.

2. 티샷을 할 경우는 마크 요구를 할 수가 없으며, 세컨드 샷부터는 20m 이내의 공에 대하여 할 수 있다.
3. 앞의 1항을 위반 시에는 2벌타를 부여한다.

제22조 장애물 구제
제22-1조 움직일 수 있는 장애물
1. 경기자는 움직일 수 있는 장애물에서 다음과 같은 구제를 받을 수 있다.
가. 공이 움직일 수 있는 장애물에 의해 스탠스나 스트로크의 방해가 될 경우는 그 장애물을 제거할 수 있다. 장애물을 제거하는 도중에 공이 움직인 경우는 벌타 없이 움직인 공을 원래 있었다고 추정되는 지점에 놓아야 한다.
나. 공이 움직일 수 있는 장애물 안 또는 위에 있을 경우는 벌타 없이 그 공을 집어 올린 다음 장애물을 제거할 수 있다. 이 경우 집어 올린 공은 원위치한다.
다. 정해진 위치에 거치된 모래 고르개, 공 회수용 뜰채를 경기자가 사용 후 원위치하지 않은 경우 다음 경기자가 샷에 방해가 되면 이동시킬 수 있다.

제22-2조 움직일 수 없는 장애물
1. 움직일 수 없는 장애물 안 또는 위에 공이 있는 경우이거나 공이 이것에 근접해 있기 때문에 경기자의 스탠스 또는 스트로크의 방해가 될 경우는 움직일 수 없는 장애물에 의해 장애가 생긴 것으로 간주한다.
2. 코스 내에 수리지, 캐주얼 워터, 배수구, 스프링쿨러, 예비 홀컵 위에 공이 놓여 있거나 걸쳐 있을 경우는 무벌타로 홀컵과 가깝지 않게 규칙에 따른 길이 만큼과 처치방법으로 구제를 받고 다음 경기를 한다.

3. 샷을 하는 목표 방향에 움직일 수 없는 장애물이 있는 경우는 구제 없이 경기를 하여야 한다.
4. 1항의 장애에 따라 공을 스트로크를 할 수 없는 경우에 이를 구제할 수는 없다. 이 경우에는 경기자가 언플레이어블을 선언하고 처치하여야 한다. 이를 위반 시에는 2벌타를 부여한다.
5. 움직일 수 없는 장애물에 공이 정지한 경우에 이를 훼손하면서 스트로크를 하면 2벌타를 부여한다.

제22-3조 벙커

1. 벙커에서는 모래에 묻혀 있는 공을 치기 쉽도록 클럽헤드 밑부분으로 모래를 누르는 경우, 공 주위 모래를 클럽이나 발로 고르는 경우, 백스윙 없이 밀어내듯이 또는 퍼올리는 샷을 하는 경우, 샷을 한 공이 벙커턱을 맞고 되돌아오는 공을 무의식적으로 막은 경우는 모두 2벌타를 부여한다.
2. 공을 맞히지는 못하고 주변의 모래를 친 경우는 스트로크를 하지 않은 것으로 간주한다.

제22-4조 캐주얼 워터

1. 일시적인 물웅덩이 속에 공이 있거나 스탠스를 취해야 할 경우 또는 공과 스탠스의 일부가 물에 걸쳐질 경우에 경기자는 그 공을 있는 그대로의 상태로 경기를 하거나 캐주얼 워터로 구제를 받을 경우는 그 상태를 동반자의 확인을 받아 처리할 수 있다. 단 눈이나 얼음(이슬, 서리는 제외)은 경기자의 선택에 따라 캐주얼 워터 또는 움직일 수 있는 장애물로써 처리할 수 있다.
2. 경기자가 전 항의 규칙에 따라 구제를 받을 경우는 다음의 처치를 하여

야 한다.
가. 페어웨이의 경우
- 해당 캐주얼 워터에서 좌·우측 가까운 쪽으로 공을 빼내어 경계선에서 깃대를 보고 수직 방향으로 서서 홀컵에 가깝지 않게 스탠스와 스트로크가 가능한 2클럽 이내의 지점에 벌타 없이 공을 놓고 다음 경기를 한다.

나. 벙커 내의 경우
- 공을 집어 올려서 다음과 같은 지점에 공을 놓고 경기를 한다.
  a. 벙커 내에서 해당 캐주얼 워터를 피할 수 있도록 하기 위하여 홀컵에 가깝지 않고 공이 정지되어 있던 지점에서 스탠스와 스트로크가 가능한 벙커 내에 가까운 지점
  b. 벙커 내에 공을 놓을 장소가 없을 경우는 해당 캐주얼 워터를 피하여 홀컵에 가깝지 않고 공이 정지되어 있던 지점에서 스탠스와 스트로크가 가능한 벙커 밖의 가까운 지점

3. 앞의 각 항을 위반 시에는 2벌타를 부여한다.

제22-5조 수리지

1. 수리지 내에 공 또는 경기자의 스탠스의 일부가 수리지에 걸쳐 있을 경우는 구제를 받을 수 있다.
2. 경기자가 전 항에 따라 구제를 받을 경우는 좌·우측 가까운 쪽으로 빼내어 수리지역 경계선에서 깃대를 보고 수직방향으로 서서 양팔을 벌려 스탠스와 스트로크가 가능한 2클럽 이내의 홀컵과 가깝지 않은 지점에 공을 놓고 경기를 하여야 한다.
3. 앞의 각 항을 위반 시에는 2벌타를 부여한다.

제22-6조 워터 해저드

1. 워터 해저드에 공이 들어가면 구제는 받을 수 없고 있는 그대로의 상태로 경기를 하여야 한다.
2. 이때, 워터 해저드 내에서의 경기가 안 될 경우에는 경기자는 언플레이어블을 선언하고 2벌타를 부여하여 워터 해저드에 공이 떠 있는 위치에서 좌·우측 가까운 쪽으로 2클럽 이내의 홀컵에 가깝지 않은 지점에 공을 놓거나 별도의 표식(OB 티)에서 경기를 하여야 한다. 이때, 워터 해저드에 있는 공을 들어 올린 경우에 언플레이어블을 선언하였다고 간주한다.
3. 앞의 각 항을 위반 시에는 2벌타를 부여한다.

제23조 분실 또는 OB의 공

1. 분실한 공을 찾는 시간은 3분 이내로 하여 경기 속도를 지연시키지 않도록 하고 예비공이 없어 경기진행이 안될 경우는 경기 실격으로 처리한다.
2. 공을 분실한 경우는 2벌타를 부여하고 분실하였다고 추정되는 지점에서 깃대를 보고 수직방향으로 서서 양팔을 벌려 홀컵에 가깝지 않게 2클럽 이내의 지점에서 예비 공을 놓고 경기를 한다. 다만, 분실구로 처리하고 스트로크를 한 후에 공을 찾았더라도 그 공은 분실구로 처리한다.
3. OB 판정은 공이 놓인 지점에서 공의 수직 상방에서 내려보아서 OB 라인 또는 2개의 OB 말뚝 외측 연장선에서 벗어난 경우에 OB로 판정한다. 특히, OB 경계선 근처에서 OB 여부의 판정은 경기자 본인이 먼저 판단하고 동반자 모두의 확인을 받아야 하며, 이때, 의견이 다른 경우에 심판의 판정에 따른다. 만약, 동반자의 확인을 받지 않고 임의로 경

기를 하였을 경우는 OB로 간주하며, 그 위치가 경계선 밖이라고 확인되면 OB 처치 방법 위반의 2벌타를 추가로 부여한다.
4. 그린 주변에 OB 라인과 OB 말뚝이 동시에 설치된 경우는 OB 라인을 우선하여 정지한 공의 수직 상방에서 내려다보아 경계선에서 벗어났을 시 OB로 판정한다.
5. 공이 OB가 난 경우 처치는 마지막 OB 말뚝 또는 OB 라인을 벗어났다고 추정되는 지점에서 깃대를 보고 수직으로 서서 양팔을 벌려 좌·우측에 2클럽 이내의 홀컵과 가깝지 않은 지점에 공을 놓고 다음 경기를 한다. 이때, 공을 놓을 지점이 없는 경우는 별도의 표식(OB 티)에서 경기를 할 수 있다.
6. 그린 주변에 OB 말뚝이 있는 홀에서 OB가 난 경우의 처치는 첫 번째 OB 말뚝과 두 번째 OB 말뚝 연장선을 기준하여 공이 벗어난 지점에서 깃대를 바라보고 양팔을 벌려 좌·우측으로 2클럽 이내의 깃대에 가깝지 않게 공을 놓고 경기를 하는데 깃대를 향해 직접 공략이 가능하다.
7. 도그레그 홀에서 적색 OB 말뚝을 설치한 경우 말뚝 안쪽인 페어웨이로 샷을 하여야 한다.
8. 앞의 각 항을 위반 시에는 2벌타를 부여한다.

제24조 언플레이어블의 공

1. 경기자는 코스 내 어디에 있더라도 자신의 공을 칠 수 없을 경우는 언플레이어블을 선언하여야 한다.
2. 언플레이어블을 선언하게 되는 경우 2벌타를 부여하며, 그 위치에서 깃대를 바라보고 수직방향으로 양팔을 벌려 좌·우측에서 2클럽 이내에 깃대에 가깝지 않은 지점에 공을 놓고 다음 경기를 한다. 이때, 샷이 가능한 지점이 없을 경우는 추가 벌타 없이 이전 샷을 한 방향으로 이

동하면서 샷이 가능한 지점에서 다음 경기를 한다.

제25조 대회본부 운영

대회본부는 경기 실시에 관해 필요한 인원으로 구성하여 다음과 같은 사항을 조치한다.

1. 대회 준비 및 진행

    가. 코스 정비 및 OB 구역, 수리지의 경계 등을 명확히 표시하고 모든 설치물의 상태를 확인한다.

    나. 경기 당일에 경기자가 코스에서의 사전 연습 행위를 금지하고 이에 관해서는 대회 요강 등에 공지한다.

    다. 천재지변 등의 사유로 경기가 불가능한 상태라고 인정한 경우 경기의 중지를 결정할 수 있고 경기의 일부 또는 전부를 무효로 하여 스코어를 취소할 수 있다. 만약, 경기가 잠정 중단되어 다시 재개될 경우는 중지된 위치에서 다시 경기를 진행시켜야 한다.

    라. 대회 기간 중 발생한 사안에 따라 정당한 개인 사유가 인정되는 경우에 경기 실격 대상에서 제외한다.

2. 로컬룰

본 협회의 규정에 위배되지 않는 범위에서 파크골프장별 특성에 필요한 최소한의 로컬룰을 대회 당일에 공지하여야 한다.

    가. 곡선의 통로(자전거 도로, 보행도로 포함)에서 홀이 구분되어 있을 경우 통로를 홀의 OB지역 경계로 구분하여야 하는데 OB 말뚝으로 표시가 곤란한 경우에 말뚝 없이도 통로의 홀쪽 내측 라인을 OB 경계선으로 할 수 있다.

    나. 임시 장애물(본부석, 방송기재 등)에 의한 장애물에서의 구제 방법을 마련하여야 한다.

다. 코스의 보호를 해야 하는 특정 구역(잔디육성지, 식수지, 재배지 등)
　　　을 경기 금지구역인 수리지로 표지한다.
　　라. 도그레그(Dog leg) 홀은 안전 또는 난이도를 고려하여 직접 공략을
　　　못하게 할 수 있다.
3. 별도의 표식(OB 티)
　- 위원회는 워터 해저드와 그린 주변에서 OB 난 공을 처치함에 있어서
　　공을 놓을 장소가 없을 경우에는 해당 근접 지점의 좌·우측에 별도의
　　표식(OB 티)을 할 수 있으며, 이를 경기자에게 공지하여야 한다.
4. 순위 결정
　- 위원회는 대회에서 경기방식, 홀 진입방법을 포함하여 동일 스코어의
　　순위를 결정하는 방법 등을 경기자에게 공지하여야 한다.
5. 규칙에 없는 사항
　- 분쟁의 쟁점이 본 규칙에 명시되어 있지 않은 경우에는 형평의 원칙
　　에 따라 처리하고 이후 추가로 제정한다.

부칙

부칙 1. 상황별 경기 규칙

상 황 및 행 동	적용
1. 티업하기 전	
가. 경기 당일 코스 내에서 연습 스트로크를 하는 경우	실격
나. 경기 중에 동반자에게 조언하는 경우	에티켓 위반
다. 경기 시작 후 도착한 경우	실격
2. 샷 동작	
가. 샷을 하였으나 헛스윙이 된 경우	1타 가산 안함

상 황 및 행 동	적용
나. 클럽의 샤프트, 그립 끝으로 공을 친 경우	2벌타
다. 백스윙 없이 밀어내기, 퍼올리기, 당기기 행위	2벌타
라. 클럽에 공이 2회 이상 연속하여 접촉하는 경우	2벌타
3. 티잉 그라운드	
가. 티잉 그라운드에서 발이 일부분이라도 벗어나서 티샷을 한 경우	2벌타
나. 연습스윙 시 클럽헤드에 공이 맞아 티에서 떨어진 경우	1타 가산
다. 티잉 그라운드 이외의 위치에서 공을 놓고 티샷을 한 경우	2벌타
라. 티샷 시 클럽헤드에 맞거나 바람 영향으로 공이 티에서 떨어진 경우	1타 가산
마. 티 위에 공을 놓지 않고서 티샷을 한 경우	2벌타
바. 방향을 정하는 표시물을 목표방향 쪽에 놓고 티샷을 한 경우	2벌타
사. 티샷을 한 공이 티잉 그라운드를 벗어나 후면에 정지한 경우	2벌타
아. 티샷을 하기 전에 연습스윙을 2회 이상 실시한 경우	매너위반
4. 정지된 공	
가. 놓여진 공 주위의 잔디, 모래 등을 클럽, 발 등을 이용하여 고르거나 샷을 하기 좋게 개선하는 경우	2벌타
나. 공 주변의 옮길 수 없는 장애물을 이동하는 경우	2벌타
다. 나뭇가지를 꺾거나 발로 걷어올리는 경우	2벌타

상 황 및 행 동	적 용
라. 옮길 수 없는 장애물로 샷이 불가능한 경우에 언플레이어블을 선언하지 않고 샷을 한 경우	2벌타
마. 나무 밑둥에 놓인 공을 백스윙 없이 클럽으로 끌어 당기는 경우	2벌타
바. 긴 풀에 파묻힌 공을 건드려서 자신의 공인지를 확인하는 경우	2벌타
사. 공에 접근하면서 고의로 공을 움직인 경우	2벌타
아. 공에 접근하여 무심결에 공을 밟은 경우	무벌타
자. 공 앞쪽 목표방향에 표시물을 놓거나 클럽헤드가 지면에 닿은 경우	2벌타
5. 움직이는 공	
가. 경기자의 공이 움직이는 중에 다음 순서의 경기자가 샷을 하여 충돌한 경우	2벌타
나. 샷을 한 공이 장애물을 맞고서 자신의 몸에 맞은 경우	2벌타
다. 어드레스 이후 백스윙 도중에 공이 움직여서 백스윙을 중지한 경우	무벌타
라. 경사면에서 움직이는 자신의 공을 클럽 또는 발로 막은 경우	2벌타
마. 움직이는 경기자의 공이 동반자의 클럽, 발 등에 의해 멈춘 경우	무벌타
바. 움직이는 경기자의 공을 동반자가 고의적으로 공을 멈추게 한 경우	2벌타

상 황 및 행 동	적 용
사. 충돌로 움직여진 자신의 공을 원위치 안하고 샷을 한 경우 이때, 필요시 다른 동반자가 원위치한 경우	2벌타 무벌타(가능)
6. 공 교체	
가. 1개 코스 내에서 경기 중에 임의로 공을 교체한 경우	2벌타
7. 뒤바뀐 공	
가. 세컨드 샷부터 동반자의 공으로 샷을 한 경우	2벌타
나. 1번홀의 공 거치대에서 다른 경기자의 공으로 샷을 한 경우	무벌타
8. 공 손상	
가. 공에 금이 가서 동반자에게 통보하고 교체한 경우	무벌타
나. 공이 2개로 분리된 경우	무벌타
9. 마크	
가. 마크 요구가 없는데 공을 임의로 집어올려 이물질을 제거한 경우	2벌타
나. 공을 먼저 집어올린 후에 마크한 경우	2벌타
다. 마크한 뒤에 볼 마커를 먼저 집어든 후에 공을 놓은 경우	2벌타
라. 마크할 때 홀컵과 가깝게 공 앞 또는 옆에다 마크한 경우	2벌타
마. 장애물이 방해된다고 공을 임의로 좌·우로 이동한 경우	2벌타
바. 볼 마커를 좌·우로 이동한 후에 원위치하지 않고 샷을 한 경우	2벌타
사. 마크하는 도중에 공을 건드린 경우	무벌타

상 황 및 행 동	적 용
아. 티샷을 하기 전에 동반자의 공에 대해 마크를 요구한 경우	요구불가
자. 20m 이상 떨어진 동반자의 공에 대해 마크를 요구한 경우	요구불가
차. 경기자가 마크를 요구하였는데 이에 불응한 경우	매너위반
이때, 필요 시 다른 동반자가 마크해주는 경우	무벌타(가능)
10. 움직일 수 있는 장애물	
가. 공 주변의 낙엽, 작은 돌, 나뭇가지, 비닐봉지 등을 치운 경우	무벌타
나. 움직일 수 있는 장애물을 치우다가 공을 건드린 경우	무벌타
11. 움직일 수 없는 장애물	
가. OB 말뚝(라인)을 제거하고 샷을 한 경우	2벌타
나. 나뭇가지 등에 공이 걸려 샷을 할 수 없는 경우 또는 장애물을 훼손하면서 샷을 한 경우	2벌타
다. 어드레스하면서 안전망을 신체의 일부분으로 걷어 올리는 등의 행위	2벌타
라. 안전망 뒤에서 망을 먼저 가격하면서 공을 친 경우	2벌타
마. 백스윙 도중에 안전망을 건드린 경우	무벌타
바. 깊은 러프에서 공 주변의 긴 풀을 정리한 경우	2벌타
사. 수리지, 캐주얼 워터, 배수구, 스프링쿨러, 예비 홀컵 위에 또는 걸쳐 있는 경우	구제가능
아. 샷을 하는 목표방향에 고정 장애물이 있는 경우	구제불가

상 황 및 행 동	적용
12. OB 난 공 또는 OB 난 공의 처치	
가. OB 경계선을 벗어난 지점에서 홀컵에 가깝게 2클럽 이상 공을 놓은 경우	2벌타
나. OB 여부가 확인되지 않은 지점에서 동반자 또는 심판의 판정없이 임의로 샷을 한 경우	2벌타
다. OB선이 지면에서 떠 있어서 샷에 지장이 있어 밟고 샷을 한 경우	무벌타
라. OB가 난 공을 규칙대로 처치하지 않고 다음 경기를 한 경우	2벌타
13. 언플레이어블	
가. 언플레이어블 상황에서 공을 집어올린 경우	2벌타
나. 언플레이어블 선언 후에 공이 있던 지점에서 홀컵과 가깝게 2클럽 이상의 위치에 공을 놓은 경우	2벌타
다. 2클럽 이내로 처치 시 샷을 할 지점이 없을 경우에 이전 샷을 한 지점의 방향으로 이동하여 샷이 가능한 지점에 공을 놓은 경우	추가 벌타없음
14. 분실한 공	
가. 경기 도중 공을 못 찾아서 분실구가 발생한 경우	2벌타
나. OB 난 공이 분실된 경우	2벌타
다. 분실구 등으로 경기 지연 행위(3분 이상) 및 앞 조와의 간격이 2개홀 이상 뒤처진 경우	2벌타

상 황 및 행 동	적용
15. 그린	
가. 퍼팅 라이를 개선하기 위하여 잔디 등을 클럽으로 고르는 경우	2벌타
나. 홀컵에서 2클럽 이상의 거리에 있는 자신의 공을 임의로 마크한 경우	2벌타
다. 홀컵에 가까이 있는 공을 컵인을 하지 않고 집어올린 경우	2벌타
라. 홀컵에 가까이 있는 공을 한 손으로 퍼팅을 한 경우	매너위반
마. 깃대를 뽑고 퍼팅을 한 경우	2벌타
바. 컵인으로 홀아웃을 하지 않고 다음 홀로 이동하여 경기를 한 경우	실격
사. 공이 홀컵 주변에 걸쳐있어 10초를 초과하여 기다린 경우	매너위반
16. 벙커	
가. 공을 백스윙 없이 밀어내거나 퍼올리는 경우	2벌타
나. 공 주변의 모래를 고르거나 눌러서 라이를 개선하는 경우	2벌타
17. 캐주얼 워터	
가. 일시적인 물웅덩이에 공, 스탠스가 걸치므로 2클럽 이상인 지점 또는 홀컵에 가깝게 공을 놓은 경우	2벌타
나. 벙커 내 작은 물웅덩이에 공, 스탠스가 걸치 있어 벙커 밖으로 공을 꺼낸 경우	2벌타
18. 워터 해저드	
가. 워터 해저드에 공이 빠져서 샷을 할 수 없는 경우	2벌타
나. 수로에 빠져 움직이는 공을 쳐 내는 경우	2벌타

상 황 및 행 동	적 용
다. 처치 시 2클럽을 초과한 지점 또는 홀컵에 가깝게 공을 놓은 경우	2벌타
19. 수리지, 배수구, 스프링쿨러 　가. 처치 시 2클럽을 초과한 지점 또는 홀컵에 가깝게 공을 놓은 경우	2벌타
20. 홀을 잘못 진입 　가. 다른 홀로 진입하여 1개홀을 경기한 경우 　나. 다른 홀로 진입하여 2개홀을 경기한 경우	 2벌타(전원) 4벌타(전원)
21. 별도의 표식(OB티) 　가. 그린 주변에서 OB 난 공을 처치 시 공을 놓을 장소가 없을 경우에 해당 근접 지점의 좌·우측에 별도의 표식(OB티) 가능 여부 　나. 워터 해저드 주변 좌·우측에 별도의 표식(OB티) 가능 여부	 가능 가능
22. 기타 　가. 스코어카드에 실제 타수보다 적게 기록한 경우 　나. 규칙 적용을 배제하거나 부여받은 벌타를 면제하기로 합의한 경우	 실격(해당자) 실격(전원)

(사단법인 대한파크골프협회, 2024.02.05.)